停止不開

在善變的世界裡，
從容的笑著

林一芙——著

| 前言 |

人生短短，歡喜就好

✕

　　身為一個福建人，雖然我不會說閩南話，但從小到大聽過不少閩南語歌。

　　我很喜歡一首《歡喜就好》，歌詞裡有一句，音譯過來是「人生海海，甘需要攏瞭解；人生短短，好像在七逃」。意思是人的一生很漫長，不需要每件事都理解得清清楚楚；而人的一生又很短暫，當成一場遊玩就好。

　　由於閩南人在歷史上曾大範圍地遠渡重洋，閩南語歌裡常常唱的是離別苦、相思憂，唱的是命途坎坷而前路無繼。

　　背井離鄉的人肩扛著照顧一家老小的重擔，面對迎面而來的疾風勁雨，最終悟出來──要想活得有意義，首先要放棄追求活著的意義，「歡喜就好」！

　　網路上曾出現過一個引起熱議的問題：為什麼大家喜歡把25

歲作為人生的一個分水嶺？

有一條評論是這樣說的：

以前看著別人的成就，想著熬夜拼命也要超過他；現在卻開始意識到擁有健康的身體、喜歡的事業、珍愛的家人，要做的只是超越從前的自己。

以前覺得一刻也不停下來才是充實；現在發現原來靜靜地看一本書，不需要跟隨外界的聲音，內心也可以平靜充實。

這種所謂的「25歲效應」實際上指的並不是生理年齡，而是一種心態的成熟。

成熟不是去掩飾委屈，打碎牙齒和血吞，而是無論面對什麼樣的境況都告訴自己：「我接納自己的不完美。想哭就哭吧！哭完繼續走，說不定明天就會遇見轉機。」

就像過盡千帆後，寫出「歡喜就好」的前人們那樣。**成長就是你放棄和生活斤斤計較，不再浪費口舌去抱怨和憤怒，而是暗中卯足力氣去和生活交手。**

「人生海海，甘需要攏瞭解」，很多事情，不必細究，笑一笑，埋頭去做就是了。

寫作對我來說是與身邊的聲音和解的一個過程。所以這麼多年來，我始終喜歡觀察和敘寫普通人的平凡生活，也一直堅信普通人的生活範本更有參考意義。

我喜歡普通人挑戰生活的勇氣，也喜歡他們與生活和解那一刻的如釋重負。

我們都曾以為到了某個年紀就能輕鬆逃避生活的束縛，但人就像在舞臺上表演的提線木偶，生活在某一瞬間鬆掉綁在你腿上的繩索，可能下一秒就會拉緊綁在你手腕上的繩索；想要沒有繩索捆綁，只能等到徹底躺平、離開舞臺的那一天。

那些被生活的繩索拖拽著，卻依然舞得恣意、唱得歡喜的人，在我看來是最值得敬佩的。

所以我想把他們的故事說給你聽，也同時衷心祝福你：人生海海，一切盡興；人生短短，歡喜就好。

林一芙

Chapter 1
在現實的生活中,機智的活著

優雅的人,總會在塵土裡找到星星	12
人類的悲歡並不相通	19
熬過的辛苦,都是人生的勳章	24
聊天終結者如何自救?	30
在明天活成今天想要的模樣	37
最高級的「生活力」長什麼樣子?	43
每個人都不斷在和自己告別	50

Chapter 2
緣何努力,不過是因愛而起

你的強大,才是你身邊人的底氣	58
你的每一天,都是一筆「人間儲蓄」	64
最怕人間雪滿頭	69

1991年的少女，今年依然 24 歲	77
父親是條搖滾蟲	85
做一個自己當孩子時幻想出來的媽媽	94
原諒我也是第一次為人子女	101
爸，我們做的壞事別讓媽知道	106
給你未來的小孩留下時間膠囊	110

Chapter 3
一邊跟蹌前行，一邊重整旗鼓

也沒多賺幾個錢，為什麼不回家？	116
人生第一堂課：我們做不到	121
懶螞蟻效應：別讓偽勤奮害了你	127
每天準時下班，結果竟是被辭退……	132
有一種認輸，其實是贏了	137
每一顆玻璃心的成長都有原因	142

Chapter 4
輸贏未定，你我皆是黑馬

不斷變化，恰恰是最佳的穩定狀態	152
通往沙漠的路上站著想看大海的人	157
生活正在懲罰不喜歡改變的人	165
90後的中年危機	169
不斷增加的存款，才是生活的底氣	174
發現兔子在拼命奔跑，烏龜該怎麼辦？	179

Chapter 5
我曾經也想為你奮不顧身

我要的是伴侶，不是老師	186
打敗愛情的，是我們的想像力	191
寧願離婚也要嫁一次	197
喜歡左先生的人，這輩子都不會嫁給右先生	201

沒嫁給愛情的女人也過得很幸福	206
成熟女生選擇對象的要點	210
我不是眼光太高，只是底線感夠強	216

Chapter 6
萬物生長，何曾顧及他人目光

如果不能靠文藝過活，不如就先文藝地生活	222
美術老師的手提包	227
最高純度的少女心	235
嫁與不嫁都不妨礙自己	240
別把生活輕易交給反對你的人	245
當我老了，也要像他們	250

Chapter 1

在現實的生活中，機智的活著

停止不開心

優雅的人,
總會在塵土裡找到星星

✕

　　在醫院實習的時候,我們這群初出象牙塔的女孩經常討論「未來想要成為誰」的話題。

　　每個人都說自己老了想要活成世人口中那些「終身優雅」的女明星。但螢幕上的人離我們太遠,如果說在身邊找一個榜樣的話,我們都想活成11區的護士長。

　　11區是婦科三區,專門收治乳腺惡性腫瘤的化療患者。11區護士長每天都化著淡妝,步子也總是很輕快,但我們都形容她彷彿在背後長了眼睛,哪一床最近嘔吐、哪一床需要及時翻身,她都瞭如指掌。

　　在醫院裡,實習生和正式員工是有分別的,只有在11區護士長眼中無差別,在走廊上見到我們,她總會熱情地用本地話問

候我們「阿妹丫，食飯未？」 要是回答沒有，她一定會把妳拉去，圍桌吃一頓她精心準備的泥鰍炒粉干或是排骨泡麵。她每次煮完飯，灶台連一滴湯汁都沒有，非常乾淨——或者說，比之前更乾淨。

11區護士長是整個醫院最乾淨整潔的人。粗心的實習生有時會將換藥的紗布、膠帶落在桌子上，她路過時都會細心地將它們收起來；夜班室床上的被套，她三天一換；床前不到半米的窄桌，逐個排列著夜班人員的盥洗工具；其他科室的護士長不想費心教育頻繁換科室的實習生，唯獨她每次都神情嚴肅地要求他們「做事不僅要做完，還要做得用心、漂亮」。

11區護士長最特別的一點，是每次在給病人化療前，都要叮囑病人家屬準備好假髮和帽子。

婦科病房裡住的都是女性，其他病區的護士也會建議家屬給病人準備假髮和帽子，但都只是隨口提醒，唯有11區護士長對這件事格外上心。

有些家屬覺得沒必要準備假髮和帽子，不願意多花這份錢。她私下苦口婆心地勸：「假髮和帽子在街角拐彎口的小店裡就能買齊。你們千萬記得，要陪著病人去，別不耐煩，陪她挑一頂稱心的。生病前都是體體面面的姑娘，不能因為生病了，就讓她覺

得生活黯淡無光,要得學著給生活添點念想。」

這在別人看來是小事,在護士長看來卻是大事。

就因為這樣,11區的愁雲慘霧比起其他化療的科室要少一些。病人們塗點腮紅蓋住蠟黃面色,抹點口紅遮上慘白唇色,昂首挺胸地走出11區,依然是個美人兒。

護士長的先生工作也很忙,經常加班見不到人。情人節那天,護士長收到先生送的99朵玫瑰,因此被我們打趣稱為「紅玫瑰小姐」。

但這美滿的婚姻卻在我們實習的那一年戛然而止。某天,護士長的先生在上班路上突然感覺到胸痛,不久就陷入昏厥,他的同事第一時間將他送入醫院,卻已回天乏術。我們醫院在城北,護士長的先生在城南的醫院搶救。在那個有著熟悉的器械但環境完全陌生的急救室裡,她送走了自己正值壯年的先生。

休息了幾天,護士長就重新回來上班了。上總務班的時候,她一上午都在處理表格,等她從辦公室裡出來的時候,眼睛是通紅的,但她仍然清了清嗓子,沉穩地交代下一週的排班。

每天,她都化好淡妝,步步生風地行走在病區裡。

那時候我們病區的13床病人,因為化療反應兇猛,每天自怨自艾,覺得日子已到盡頭。

「什麼壞事都沒做，怎麼就得了這個病呢？」她每哭一次都要鬧一次，拒服藥、拔針頭，甚至擅自離院。

護士長每次去給13床輸液時都會抽空和她聊上幾句。 這不是她的分內事，卻被她當成責任一樣日日踐行。

「我們以前接過一個病人，和妳一樣的病況，前幾天還回來醫院看我，能走能跳的，還給我帶了一箱她自家種的梨呢！」

她一邊笑，一邊轉移著話題：「改天我把梨給妳拿來，叫妳家人榨汁給妳喝。人越是生病，就越要吃點甜的，否則嘴裡太苦。」

隔天去病房一看，床頭櫃上果然有兩個又白又大的梨。可我們都知道，那幾天根本沒有什麼「老患者」來送過梨。

人生很苦，但她是自己嚼著苦瓜，還能送糖給過客的人。

我經常看到護士長和病人說話時帶著笑，只有一次例外。

那一次，她勸13床說：「凡事要往好處想，妳這算好了，將什麼事都交代了，我先生走得突然，一句話也沒說，可是日子總得過啊……」眼底是無盡的遺憾。

沒過多久，護士長聽說本地有些醫院開始和紅十字會合作辦心肺復甦培訓班，免費向社會人士普及急救知識。護士長東奔西走，大費周章地找來昔日同窗牽橋搭線，終於在本院辦起了培訓

班。

　　培訓班利用醫務人員的業餘時間，但她幾乎場場都參與。來上培訓班的都是一些對心肺復甦感興趣的人，幾乎全是零基礎，她不厭其煩地演示步驟，一遍又一遍地糾正每個人的動作。

　　我曾經陪護士長去過一次教學現場，那些連接受過專業訓練的男同事做上幾分鐘都會大汗淋漓的動作，她重複做了多次，每次都不敷衍：確定體徵、清理口腔異物、胸外按壓、人工呼吸……

　　我不知道她在做心肺復甦的時候，有沒有那麼一刻，幻想自己回到了先生倒下的現場，一步一步將先生從死神手裡拽回來。可是，醫務工作者的天職是要和死神賽跑，即使追不回自己的先生，也要從死神的手上再拽下一些幸運的人。

　　心肺復甦班舉行結業典禮的那天，護士長作為代表上臺講話。她穿著潔白制服，領結熨燙得一絲不苟，語氣平淡地講述了自己的生活。

　　人在失去至親的那一刻往往是沒有感覺的，真正讓人有所察覺的，是在一天的忙碌後，突然看到微風吹起門外的爬山虎，聽到抽油煙機如常發出「嗡嗡嗡」的聲音，自己身旁卻少了昔日的那個人。這遲鈍的痛感來得漫長又深刻，突如其來地緊緊揪著

Chapter 1　在現實的生活中，機智的活著

她。

　　她在醫院裡看見患了絕症的病人臨走之前和家人告別，而她自己與先生之間，好像少了一場儀式。她覺得是時候為先生辦一場真正的告別儀式——培訓班就是她選擇的告別方式。

　　曾經我以為優雅是人生的一道附加題，必須在前卷全部答對的情況下才有能力做。或者說，優雅像是一株稀有植物，必須在生活無虞、物質豐富的土壤裡才能長出來。而在逆境裡的人們，可以理所當然地放棄自己的優雅姿態，俯身跪天地，寧為一蜉蝣。

　　但自始至終，我都沒有看到過護士長狼狽的樣子。生活要毀滅她，她卻回復生活一個依然優雅的背影。

　　沒有人強求她在大災大難後仍要保持體面，哪怕她突然大哭一場，哪怕她無心工作，也能得到所有人的諒解。

　　大家都體貼地準備著接受她的崩潰，給她以安慰，但她那一份真正的體面優雅，是偏要用更好的自己作為苦難的註解。

　　「蒲柳之姿，望秋而落。松柏之質，經霜彌茂。」

　　小時候讀《飄》，我最喜歡的一段是，家徒四壁的斯嘉麗為了不讓莊園被搶走，去向白瑞德借錢，把唯一值錢的綠窗簾扯下來，做成了一條綠色天鵝絨的裙子。我太喜歡這個細節了——在

塵土裡摔了一大跤,下一秒拍拍屁股,抹乾淨臉,歡歡喜喜地從頭來過。

人們給「度一切苦厄」下過很多定義,似乎只有最堅強、最有能力的人才能在大風大浪中安然無恙。所以我們常對生活咆哮,企圖以暴制暴,但下一場暴風雨依然會襲來。

而優雅的人,總會在塵土裡找到星星。

世人們嘲笑星星無用,畢竟它不是渡船,不能將人安全載到彼岸。但,沒有渡船的時候,有顆星星也很好,至少,它會在天上閃耀著,告訴你該往哪裡走。

人類的悲歡並不相通

大學的時候，我上過一年的播音主持課。

印象最深的一節課是老師讓我們討論，如果主持人在臺上被禮服裙襬絆住而跌倒怎麼辦？

講臺下的同學眾說紛紜，有人認為要注意摔倒的造型，開玩笑說要在地上凹個造型再站起來；也有人選擇耍機靈，以「在場的人太熱情，我被你們的熱情傾倒了」、「聲浪都把我摔倒了」、「這個舞臺多麼親近啊！」之類的話化解尷尬。

老師面帶微笑聽完大家的討論，然後給出了她的經驗之談：「最好的方式是你別做多餘的事，一個人默默站起來，把裙子拉平整，頭髮整理好，一句話都不要說。」

我們都覺得詫異，認為老師是在敷衍了事。「別做多餘的事」這麼簡單的道理，我們還需要老師來教嗎？

老師不慌不忙的解釋：「且不說需要穿禮服的場合是正式場合，那些插科打諢並不合時宜，重要的是，當你花了很多時間去想怎麼在大家的眼裡保持形象，很可能就打亂了自己做事的節奏。**哪怕你補救得再完美，陌生人都沒有必要給你的挫折報以掌聲**，只有你默默地站起來，像什麼事情都沒發生一樣，才能保證之後的流程按照既定計畫走下去。」

如今年歲漸長，我才開始明白，原來在遇到人生的難堪之時，「別做多餘的事」、「別與他人耗費多餘的口舌」就是保持自我節奏的最好方法。

一個人扛過挫折，日後反而會更輕鬆。

魯迅在《而已集‧小雜感》裡寫道：「樓下一個男人病得要死，那間壁的一家唱著留聲機；對面是弄孩子。樓上有兩人狂笑；還有打牌聲。河中的船上有女人哭著她死去的母親。人類的悲歡並不相通，我只覺得他們吵鬧。」

人真的是一種充滿惰性和依賴性的動物，越期待安慰，痊癒得越慢。就算痛下了無數次決心，仍期待著有人能夠輕而易舉地伸手將自己從深淵中拉出來。

我們期待外力更勝過於期待內力，因為培養內力是個太過於漫長的過程，而外力可能只需要別人的一次「順手」。

其實，人生中最痛苦的日子從來都不是被別人安慰過來的。

：）

我曾經和一個朋友一起聊過自己最艱難的日子。

還記得高考考砸了的時候，我一度覺得自己的人生完蛋了。但真正釋懷這件事其實是在很久以後，當我帶著行李離開宿舍的那一刻，鎖頭「喀啦」一聲落下，看著眼前的校園，我突然覺得自己似乎並沒有那麼恨了。

那時我十萬火急的找到自己喜歡的工作，未來是一片看得見的晴朗天空，讓我不由得和校園揮手道再見：「謝謝你陪我走過這一段日子。」

當然，我的經歷比起朋友，完全是小巫見大巫。

她畢業到了陌生的城市工作，朋友們全在家鄉。孤身一人的夜裡，突然聽聞從小最疼愛她的爺爺病危，她買了最近的一班火車回家，在車廂裡，家人發來訊息——爺爺去世了。

她哭不出來，茫然地在火車上踱步。

「我從人群中走過，四面八方都是擦肩而過的人，他們嘰嘰喳喳的聲音都像是炫耀著自己的人生有多美好。」她這樣形容自

己當時的感覺。

她說自己的釋懷是透過無數次的懷念,她寫了很多關於爺爺的文字,這些文字讓她心安,讓她再也不怕「有一天我會把爺爺忘掉」。

在這種時候,我們身邊都有很多安慰我們的人,我們心懷感激卻清楚勸解收效甚微。

世界上沒有被安慰出來的「想開」,只有隨著時間推移,開始覺得繼續苦痛也毫無意義,或是自己努力將生活扳回自己想走的軌道。我們都在很久以後,接受了不能改變的現實,改變著可以被改變的——這大概也是所有艱難時刻的共同歸宿。

很多時候困難對人的打擊,只是在它發生的那一刻,若那一刻能夠站起來,就永遠站起來了。

人如同初生之樹的枝枒,之所以能朝著不同的方向成長,是因為每個人所經歷的艱難時刻都不一樣:

曾經因為顯山露水被打擊過,未來就會漸趨收斂。

曾經因為內斂害羞而被人忽視的,就會在接下來的歲月裡學著做一個放心大膽的人。

我並不想勸你、哄你或是鼓勵你站起來。倘若我把你扶起來,再塞給你一把糖,那你永遠不會知道自己在站起來的過程中

Chapter 1　在現實的生活中，機智的活著

會得到什麼。

　　我曾經希望自己在抱怨「我把這件事情搞砸了」的同時，有一個人向我哭奔而來說他也一樣；但後來我想明白了，與其想要拉全世界下水，不如一個人撲騰掙扎，勉勉強強的探出頭來。

　　也許這一次之後，你就徹底學會了游泳，可以自在暢游於漫漫生活之海。

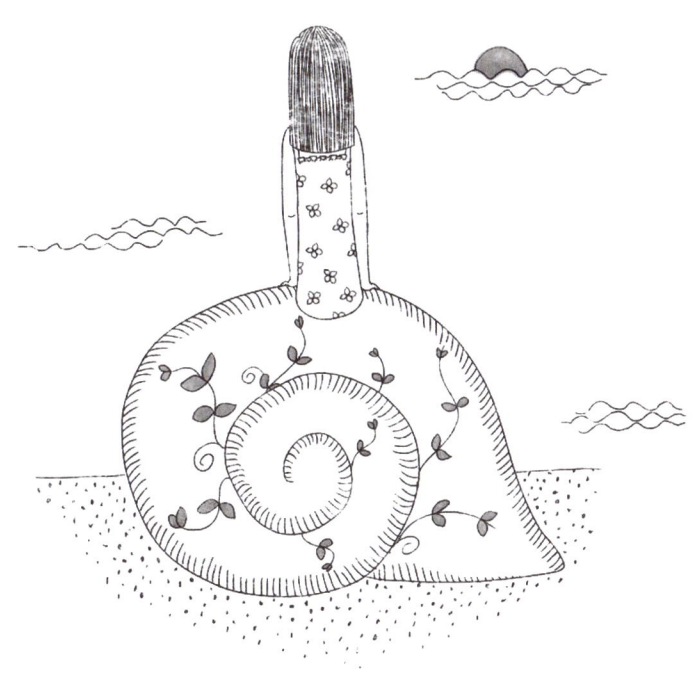

熬過的辛苦，
都是人生的勳章

×

　　我認識一個女孩，她的父親早年出國，在國外居住了多年，終於拿到綠卡，她的母親得以出國與先生團聚；而她則留在國內，等著父母來接她。

　　然而，日復一日，她最先等到的不是父母帶她出國的消息，而是母親在電話裡歡快地告訴7歲的她：「妳馬上就要有個小弟弟了。」

　　新生命的誕生，讓所有人忽略了她也是個需要父母疼愛的小孩。又過了一年多，她來到國外父母的家，摸著嶄新的家具，看著像陌生人一般的父親，才發現自己成了這個家的客人。

　　語言於她更是一個問題，她連自我介紹都結結巴巴，更別談聽得懂上課內容。

Chapter 1 在現實的生活中，機智的活著

　　幸好老師溫和，對於教育她這樣的小小移民頗有經驗，給了她一支筆，讓她盡情塗畫。

　　可能是因為太寂寞了，她畫著畫著竟然漸漸畫出一些感觸來。起筆落筆之間，她的畫已然有了栩栩如生的形象。

　　她頓時覺得人生似乎也並沒有那麼寂寥，夜深人靜時，也有畫在和她對語。

　　:)

　　一個小鎮少女，夢想著要寫書。

　　2008年時，她16歲，是個被所有人說成「沒有前途」的高中生。

　　她拿著每天的餐費泡網咖，幾乎在所有的文學網站都更新了作品。

　　一時出書無門，她在論壇裡持續寫帖子，只要有網路編輯願意推薦，從家庭瑣事、學習心得、八卦雜談到鬼神怪談，她都寫。終於皇天不負有心人，北京的一家出版社聯繫她簽約。

　　一本合集，版稅不高，卻終於如願變成鉛字。16歲那年，她第一次來到北京。

在北京的第一頓飯是在橋頭吃的麻辣燙，在北京睡的第一覺是在肯德基。

　　少女特別絕望地想要回家：北京的夜還真是熱鬧，有這麼多無家可歸、無處可居的人們，一定也不是什麼好混的地方！

　　深夜裡，她枕著一個行李袋，矇矇矓矓中覺得有人伸手想要掏她的包……結果一睜眼，發現是肯德基的店員。店員看上去很年輕，大概20歲，遞給她一杯可樂，問她要不要喝。

　　後來，少女一直會想起那個店員。

　　即使她早已記不起他的樣子，千思萬念，不過是在平凡世界遇到的一個好心的普通人。但那時候，少女忍不住鼻酸，覺得未來的日子突然有了一絲溫暖和光明。

　　:)

　　第一個女孩和我同齡，目前在世界五百強的金融公司工作。上次她回國時，發了個視頻，她帶著一群老外同事談笑風生，說著流利的英語，纖腰翹臀，全身都透露著優異「ABC」的質感。

　　我們約在家裡見面，我爸媽做了些普通的家常菜，她直誇

「好吃」。就算用最苛刻的中國傳統觀念來評價,也是明理得體、落落大方,說實話,有一瞬間,我感覺自己帶著這個回頭率百分之兩百的朋友一起逛街太有壓力了。

第二個少女如今已經舉辦了十多次新書發表會,憑著豐富資歷,成為我們作者圈裡最年輕的「前輩」。如雪片般紛至沓來的圖書合同,讓她不再需要將寫作當成謀生的工具,隨時可以寫自己中意的題材。

我去過她最近的一次新書發表會,場內人頭鑽動,證明她筆下的小世界被越來越多人認可和喜歡著。

會上,有讀者向她請教這些年筆耕不輟的經驗,於是她再次提起2008年的肯德基。

她感慨,經歷了初到北京的那一夜,熬夜寫稿有些浮躁的時候,腦海裡就彷彿有個聲音在提醒著:「熬過去,一定會發生一些意料之外的好事。」

果然是這樣,熬過去,一切都不一樣了。

我不想寫雞湯,但這就是「別人家孩子」現在的樣子。

:)

我不知道你現在經歷著怎樣的辛苦，挑燈夜戰或是忙於生計。到了某個年紀後，再看人生，其實是沒有「巔峰」可言的，有的只是七起八落、五味雜陳。

　　我們總說生命需要儀式感，可苦難和成功總是不伴著儀式而來。恰恰相反的是，當你回望人生，所有轉折都發生在當下看來平平常常的一日裡。

　　記得曾經有一期節目，嶽雲鵬尋找一個十多年前幫助他的姐姐。那時他在飯店打工，因為犯錯被開除，一個同在飯店打工的大學生姐姐帶他四處找工作，還從學校裡給他帶來棉被。

　　嶽雲鵬說，沒有這個姐姐，就沒有後來叱吒相聲舞臺的「小岳嶽」。

　　現在，人們談起嶽雲鵬，並不覺得他像一個只存在於媒體上的單薄紙片人，而會覺得他是一個有血有肉的普通人。因為經歷過苦難，所以他的成功顯得格外厚重。

　　我們活下來很多時候是因為別人的善意，但更多時候是因為我們自己對自己的善意。

　　這個世界上有太多看上去光鮮亮麗的人，耀眼到我們甚至都不相信他們也有自己的辛苦。可是你並不知道這是他（她）人生的哪一個階段。你們相遇太晚，所以你並不知道，這或許是千難

萬險後的「守得雲開見月明」，抑或是洪流急湍後的「輕舟已過萬重山」。活得容易的都是別人家的孩子，我們沒有親眼目睹他們的成長，才會妄圖揣測他們的成功背後有那麼多「貴人相助」。

哪有那麼多活得輕鬆自在的人，不都是哭過、痛過，眉頭一皺熬過來的普通人嗎？

正是以為他們是有距離的「別人家的孩子」，才會有人把他們的成長想得太美好。

就像那個深夜裡抹乾眼淚對著錄音帶學英語的女孩，終於在入睡後的夢中發出聲聲囈語；就像那個在肯德基裡睡了一宿醒來的少女，終於看見半邊太陽從雲上升起。

沒有一本自傳不是由苦難寫起，**熬過的辛苦，都是人生的勳章，是一筆一畫寫就的成功路**。

運氣是風調雨順的天氣，有人屢遭旱災，有人連年雨水，但總有四季相和的一日。

但願那時，你已有拔地而起的枝幹，可以任由清風細雨在你的枝上掛果。

聊天終結者如何自救？

前幾天在飯店吃飯,隔壁桌坐著兩個女生,從一入座就開始興奮地閒聊。

聽起來,兩個人像是昔日同窗,其中一位在事業上似乎遇到了瓶頸,杯酒落肚,忍不住向另外一位訴苦。

「我現在的工作朝九晚十,工作單位離得又遠,每天坐地鐵就要快一個小時,這還沒算上步行的時間……我們老闆不講情面,不僅工作日要加班,有項目的時候連休息日都要隨時待命。他自己夠努力,就希望我們單位所有年輕員工都和他一樣,能廢寢忘食,一心一意在工作上……」

閨密時不時地插話:「當初妳就該聽我們的勸,離職去考公務員,女孩子過穩定一點的生活多好,現在大半青春都耗費完了,妳想後悔也來不及了!妳啊,就是太自我,太固執,太不懂

爭取！」

　　閨密連用了三個「太」字，「如果像我這樣畢業就考了公務員，哪還有那麼多苦惱？妳就是目標不明確，總滿足於現在的生活，不肯更上一層樓！」

　　一直認真聽取同伴建議的女生，表情越來越難看，最後憋足了氣輕聲地辯解：「可是……現在的工作是我喜歡的啊！」

　　那位「挑剔小姐」無視同伴的壞臉色，還在一直不停地挑剔著：「妳以前讀書時，連作業都到截止日才能完成，這種性格就該找一份清閒的工作……」

　　整個對話，以抱怨工作的女生不再回話作為結尾。

　　她為什麼不再回話？因為她的同伴活活把天聊「死」了！

　　沒有人在表達自我的時候，想聽到一個聲音在耳邊居高臨下地提醒著：「妳錯了，妳是個傻瓜！」

　　每個人的內心深處都有一種自己最認同的生活方式，這種生活方式引導著人們做出相應的取捨。但「挑剔小姐」內心的控制欲，卻讓她無時無刻想要撕掉對方的標籤，貼上和自己相同的標籤。

　　或許其本意是好的，可是不加收斂的表達方式卻讓人聽起來很不舒服。

同樣的話，要怎麼說才能令人更舒服呢？

我大學時加文娛社，裡面多是愛美的女孩，又正值花一樣的年齡，討論的話題多是當季新款的包包、衣服、口紅。

其中有個女生，被我們叫作阿圓。阿圓和我同一屆，家裡的經濟條件比較一般，可抵不住愛美之心，常去外貿店選購一些奢侈仿品、瑕疵尾貨。

大一的時候，一個奢侈品牌推出一款翠綠色的蛇頭包，阿圓不知從哪裡買到這個包，很興奮地帶來給我們看，同時吹噓著它的價值。那時我和阿圓才剛剛認識，又是個不太關注品牌的「時尚絕緣體」，以為她是揮金如土的「白富美」，而她的包也確實好看，於是毫不猶豫地加入了讚美者的行列。

阿圓被同學誇得飄飄然起來，每天都用同色系的衣服刻意搭配那款包包。

文娛部為了迎接新成員，舉辦了晚會，高我們兩屆的文娛部部長也來了。她是藝術學院的學姐，大學期間兼職賺了不少錢。她剛一入座放下包，正好就放在阿圓的包旁邊，眼尖的人馬上就看到了。

「學姐，妳和阿圓的包一模一樣！」

阿圓自然知道自己花的錢不足以買到正品，這是她第一次見

到這款包的正品，就好像一齣《真假美猴王》，真猴王金箍棒在手、火眼金睛，而自己的包走線粗劣、皮質厚薄不均，簡直就是毛色暗淡的六耳獼猴。

「應該是同一款包吧！」

學姐本想一句話帶過，突然有人發現了異樣：「妳看這裡，一個鎖口是歪的，一個鎖口是正的。」

我當時傻呼呼的，也不覺得這句話有什麼更深刻的含義，但現場突如其來的安靜讓我感知到了異樣。

「啊……這大概是另外一款……」阿圓漲紅了臉，努力地自圓其說。

「我記得新的一季有兩款，妳這個是另外一款吧？」學姐邊說著，邊把自己的包放到椅背後面。

大家很快就轉移了話題，那場晚會上，學姐再也沒有把自己的包拿出來。

當天晚上，學姐透過文娛部群組加了阿圓好友，兩個人不知道怎麼就聊到了時尚品味。

正當阿圓不知道話題怎麼繼續下去的時候，學姐發給她幾個店鋪連結：「我大一的時候專業課太多，沒時間兼職賺錢，買不起太貴的包，後來發現有些原創的品牌也挺好的，我推薦給妳看

看,我大一的時候都用過。」

畢竟是藝術學院的學姐,她推薦的那幾個品牌,質優價美,設計感絲毫不輸給大品牌。

經過這一次照妖鏡般的經歷,阿圓徹底把那個蛇頭包封存起來。

這段經歷是阿圓後來親口告訴我的。她說,後來相處久了才知道,其實學姐特別討厭侵犯創作者權益的仿品,但即便是這樣,她也沒有在第一時間拆穿一個大一學妹的虛榮心。

:)

《大亨小傳》裡有一段話,大意是:當你想要批評別人的時候,要記住,這世上並不是所有人都有你擁有的那些優勢。

我們經常把那些令溝通對象感到舒服的人稱為「高情商」,但當我們誇一個人「高情商」時,究竟在誇些什麼呢?

其實「高情商」的人擁有一種「易共情」的能力,能設身處地去理解對方的困境,捕捉對方表露出的不適感,卻不馬上進行評價或是指手畫腳,除非是對方主動提出尋求相關的建議。

所以說到底,「高情商」是一種自我克制。

現實生活中，我們都被別人貼上或自願貼上無數的標籤。有人聽古典音樂，有人迷戀流行金曲；有人喜歡買名牌包，有人喜歡購書；有人畢業後選擇在大城市打拼，有人選擇回家鄉陪伴父母，享受天倫之樂。

當另一方在表達自己的觀點時，無論分享的是欣喜還是遺憾，他都不需要被別人提醒「失去的是什麼」「錯誤在哪裡」，他只是在陳述自己的選擇。

成熟的人對於自己所做的選擇大多無怨無悔，因為早在選擇之初，他就已經準備好了接納選擇的副作用。

正因為如此，人與人交往中的自我克制至關重要。避免將自己的感受無節制地投射到其他人身上，避免以「對與錯」的上帝視角裁定他人的抉擇，這便是「高情商」的自我克制。

這樣的自我克制，究其根本，取決於一個人的自信程度。

像我在飯店裡遇到的那位「挑剔小姐」，她在任何時候都維護自己的想法，在駁斥他人的過程中滿足著「我很正確」的需求。

而那些尊重別人生活方式的人，其實有著強大的自信，不需要在別人身上尋找自己的優越感。哪怕遇到比自己強的人，也不必狐假虎威地露出觸角，非要伸到對方眼前讓他看清。

只認可自己，是短視的自信，而高級的自信，應該帶著一雙用來欣賞別人的眼睛。

　　高情商的人只會誠懇地說出他的想法和觀點，不會冒犯你的個人標籤。

　　英國作家毛姆曾說過一句話：「人的每一種身分都是一種自我綁架，唯有失去是通向自由之途。」

　　一個人活在這世上，既是塵埃，也是星球——

　　你應該比塵埃更看輕自己，但在別人眼裡，你比任何星球都豐富。

在明天活成今天想要的模樣

十幾年前,當我還是小孩子的時候,特別迷戀港劇。

現在的孩子可能不太能理解,那些年的港劇對於一群沒出過遠門的小城少女意味著什麼。那些泛著消費主義光芒的奢侈舶來品、那些燈紅酒綠的夜生活畫面……展示著與周遭完全不同的一種生活狀態,瑰麗得令人神往。

更令我們著迷的,是港劇裡那些漂亮自信的職場女性,她們穿著正式套裝、踩著高跟鞋從中環街頭昂首走過,即便在重擔之下依然時刻保持筆挺的身段,彷彿永遠不會被雞飛狗跳的生活瑣事打敗。

還記得一部叫《流金歲月》的港劇,女主角是個律師,她漂亮、理性、睿智、沉穩持重……年少的我幾乎用盡自己學過的所有讚美之詞來形容她。

老港劇的畫面色調偏黃，加上劇裡十之八九是在法庭上的戲，整個畫面從人到場景，昏黃一片。但那時候我喜歡得不得了，每天蹦跳著去找與我一樣很喜歡這部戲的親戚家姐姐討論劇情。

劇裡有一幕，是女主角為愛人辯護，她眼神堅定，熱烈而勇敢。我們兩個小女孩被這樣的劇情鼓舞著，小姐姐望著我說：「以後我們都學法律好不好？」我點頭如搗蒜。

隔天我就把這約定拋到腦後，小姐姐卻一直朝著這個目標努力，從小到大都是我媽口中「別人家的孩子」，高中畢業後如願學了法律，進了檢察院工作。

到了崗位後，她發現一切不同於她的想像。持續增長的辦案任務、職業環境帶來的焦慮感，都讓她感到疲憊不堪。

她沒能像十幾年前想像的那樣熱愛這份工作──和現在很多剛剛就業卻不滿意第一份工作的大學生一樣。

她讀法律學科本就違背了父母的意願，如今連回家哭訴的資格都沒有。

後來小姐姐選擇了離職，預備報考教師，但本市的法學老師沒有招考名額，她退而求其次做了輔導員。有些學生懂得看臉色欺生，讓她時不時發出「這一屆學生沒辦法帶」的感慨。

你一定以為我要講一個夢想破滅的故事,但這次不是。

前一段時間我去她工作的學校找她,她扶著兒子在教學樓前的草地上學走路,小朋友趁大人不注意,往前衝了幾步,然後摔了個屁股朝天還咯咯笑。

這段時間,她發表論文、參加學術活動、爭取轉調名額,還希望有講課的機會,她忙得根本沒空理睬那些像泡泡一樣消失的夢想,只埋頭應對一個又一個重燃的期待。

就像《南海姑娘》裡唱的那樣,舊夢失去有新侶做伴。

為什麼我們會常常覺得和想像中的自己漸行漸遠?很簡單,因為我們都期待自己能夠功勳卓著地和生活對抗,像奧特曼打小怪獸一樣,永遠是贏家。

小時候的我們,即便對著一方小小螢光幕,也幻想自己有朝一日能成為劇中人,踩著恨天高卻仍一路坦途、姿態優雅;可現實是,踩著高跟鞋的人或許走著走著就摔了一個仆街。

成功的路上不擁擠,失敗的路上才擁擠。在某個階段擁有自己的「假想人生」,更容易因為失去而悵然若失。其實反過來想想,**你本來就是一無所有,怕什麼從頭開始?**

:)

我有個閨密，年初興致盎然地說要學開車，隔天家人因病入院，忙裡忙外就到了年末。

還有個同事，父親突然中風，一夜之間連他最疼愛的小女兒都不認識，只能躺在床上等著她去照顧。

中風需要長期照護，同事工作仍有條不紊地依序進行，只是偶爾感慨「以前希望兒子快快長高長大，現在最大的夢想是老爸能早點認人」。

25歲以前，我以為我活在一個只有自己的座標系中，跑或不跑，跑得快或者慢，完全由我自己決定。

現在才洞曉，你不會知道生活什麼時候強迫你停下來，只能趁能跑的時候用力跑。

我曾經非常喜歡一個託詞——現實打斷了我的人生計畫。

上學的時候，因為感冒沒有完成這週的複習計畫，理所當然地要把計畫拖到下一週。

上班以後，因為晚上老闆要我加班，所以交不上這一週的稿件。你看，這鐵石一樣的生活擊垮了我，還不允許我狠狠地趴下歇一會兒嗎？

直到有人告訴我，當你脫離了20歲的掙扎之後，接踵而至的就是30歲的掙扎，然後是40歲、50歲……一樣面目可憎。

你隨時可能被下一場暴風雪追上,除非你一直在轉換目標,才能求取平衡。

現實只是打「散」了你的計畫,但不能任其打「亂」。只要你願意,這些原本的計畫和夢想可以盤根錯節地嵌入生活的縫隙。就像坎貝爾·約瑟夫曾經說過:「我們必須放棄曾經計畫好的憧憬,才能真正迎來等待著我們的生活。」

小姐姐說,她不後悔學法律,因為曾經有那麼一刻,她清晰地記得——有一天抱著資料夾,路過辦公室拐角處的鏡子,鏡子裡那個人穿著整潔的套裝,像是童年想像過的樣子。

我們一起唱童年時聽過的電視劇插曲,歌詞裡說:「狂風即使翻滿地,仍等一些好天氣。」

突然意識到,這歌詞其實也是人生箴言。誰都只有一次人生,不能輕易粗暴地交與那些遺憾。

很多人來不及活成自己想要的樣子,當被問到有沒有一些遺憾時,即便咬緊牙關,他還是會忍不住說出「是的」二字。但那有什麼關係?能夠好好地作一場夢,即使輸的姿態有些難看,也已是睥睨四方的人生贏家了。

平行世界的理論裡,一定有一個人在另一個平行世界裡活成了你想要的樣子。

停止不開心

　　如果有機會見到，我真想遠遠地向她招一下手——曾想要成為妳的我很可愛，但現在我也活得不差。

　　只要我們有可能在明天活成今天想要的模樣，就有力量繼續走下去。

最高級的「生活力」
長什麼樣子？

×

　　我天性喜歡逗貓，就連我媽都說，從小到大每次搬家，我還沒來得及認識周圍的鄰居們，就先與貓混熟。

　　去年我搬了一次家，恰巧樓下拐角處有一家老舊的小賣舖，老闆娘養了一隻小土貓，我便常以「擼貓」之名前去光顧。

　　老闆娘是個中年女人，個子很矮，人也瘦弱，但貓卻很胖，肚子圓滾滾。聽人說，她原本住在附近，幾年前和老公離婚，帶著女兒盤下這家店。

　　老闆娘開門的時間很早，有幾次我5點多起床去機場，就看見她已經拉開鐵捲門了。

　　但無論起得多早，老闆娘還是會簡單化個妝、塗個口紅再開店。老闆娘很愛整潔，舖子雖小，商品卻都排得整整齊齊。

有一次我下樓買醬油,她拿了一瓶擺在最前面的給我。因為我用得少,想要保存期限長一些的,她就拿出貨架上最後面那瓶給我,她說她每天早上都要整理一遍貨架,按照保存期限先後進行排列。

我將信將疑,拿來一對比,果然如此。

晚飯時間,老闆娘會在門口放張小桌,擺上電磁爐,先做她和女兒的晚餐,再特意盛出一小盤給貓。吃完飯,她會拿出無線音響在門口放點音樂,邊看店邊跳廣場舞,兩人一貓,美好得像一幅畫。

:)

　　因為快遞小哥總是把上班時間不方便收的包裹放在小賣舖，我便開始越加頻繁地出入舖子。

　　很多快遞集散地會將包裹放在地上，只有小賣舖不同。老闆娘把包裹按電話號碼尾號分成好幾列，規規矩矩地擺在貨架上，再給貨架貼上帶小花的標籤。

　　快遞到件的第一時間，她就打電話通知我們取件，然後記在小本子上，一切都是那麼有條不紊。

　　老闆娘的女兒看上去 8、9 歲的樣子，不上學時就在店裡幫忙。有時我去拿快遞，老闆娘正忙著理貨，她便會笑盈盈地湊過來向我要收貨碼，學著媽媽的樣子核對收貨碼、拿包裹，然後隨手將其他包裹排整齊。

　　小女孩動作利落，比母親還要迅速，每次把包裹遞給我時都用甜甜的童聲叮囑一句：「小心拿好！」

　　我搬過來不到半年，這個蜷縮在老舊店舖裡的小女孩就像抽芽一樣拔高，出落得亭亭玉立。

　　到了新學年，母女兩個一起坐在門口齊膝蓋高的小桌上，裁花紙，包書皮。

我正好去拿包裹，就聽小女孩在唸課文：「⋯⋯一個奇異的景象出現在我的眼前：像巨龍穿行在大地，連綿起伏，曲折蜿蜒⋯⋯萬里長城譜寫了不朽的詩篇。」

　　核對收貨碼的空隙，我沒話找話地問小女孩：「妳有沒有看過長城啊？」

　　老闆娘正在門口，笑著回了我一句：「長這麼大，還沒離開過福州呢！」

　　我正想著怎麼回答的時候，小女孩揚了揚腦袋，自信地說道：「我媽媽說，反正我讀大學就會去北京，未來那些長城、運河我都會看到。」

　　小女孩挺直了腰板，繼續給我讀這篇課文的片段：「⋯⋯京杭大運河譜寫了動人的詩篇。是誰創造了這人間奇蹟？是我們中華民族的祖先。」雖是清脆的童聲，卻字字擲地有聲。

　　:)

　　「寡婦門前是非多。」老社區裡，總有人背地裡這樣議論小賣舖老闆。

　　有人說，這寡婦怎麼不再找個男人，孤兒寡母風裡來雨裡去

的,到頭來都是苦了孩子。

也有人說,這寡婦又是紋眉又是跳舞、化妝,還學人家貴婦抱隻貓,一看就不是正經人。

去小賣舖的次數多了,我越來越感受到這家老舊的舖子所帶有的某種強壯的「生活力」——這是一種「懂得製造美」的力量。

這裡說的「美」,並不是需要運用插花、油畫之類的高端藝術素養才能感受到的美,而是廣義上的生活之美。

或許父親在人們的思想中,都是偉岸高大的,他們給予孩子的是關於責任感的教育,通常是「你要吃苦,你要堅強,你要按捺性子。」

但如果一個家裡,媽媽懂得製造美,她就會告訴你,挨過苦日子究竟靠的是什麼——靠的是「記住」那些美的時刻。

和髒亂相比,秩序是美;和清湯掛麵相比,精雕細琢是美;養一隻皮毛油亮的貓是美;包漂亮的書皮是美;北京之夢是美……生活中細微的美感,如此垂手可得,只是很多人寧可與惰性為伴,也不願花時間去製造美的時刻。

老闆娘幾年前紋的眉還沒褪色,她的女兒皮膚白皙,口齒伶俐,我偶爾會擔心這個漂亮女孩在成長的路上要經歷過多的誘

惑；但因為她有這麼一個「懂得製造美」的媽媽，我願意相信她未來的生活會越變越好。因為在這個偌大的世界上，媽媽早已給女兒上了人生裡的第一課——製造和記住「美」。

整齊的貨物，圓滾滾的貓，關於北京的、縈繞在心頭的課文……她的童年裡所存在的一切，都是母親送給她的人生厚禮。

雖不貴重，卻像苦茶裡的甘草，帶來甘甜的餘味。

小說《黑的雪》中有一段話：「人的命運就像天上飄落的雪花，它們原本都是潔白無瑕，落在何處卻不能自由選擇。」

其實不必如此悲觀，你看到的小雪花或許是落在野地裡的蒲公英，因為偶然吹來的風，就有了新的世界。

那個即便在店裡忙碌都畫著淡妝的媽媽，努力為女兒製造著生活中關於美的片段，讓生活真的好起來。

Chapter 1　在現實的生活中，機智的活著

每個人都不斷在
和自己告別

✕

　　南笙和我是十幾年的朋友，我們相識的時候，我10歲，南笙16歲。我們結識在一個文學網站，這個網站目前還在，只是一改容顏，從原來的門庭若市變得清冷寂靜。

　　10歲的我寫的自然是些詞不達意的糟糕文章，而南笙筆下生花。

　　寫作文的時候，我常常在她的文章裡揀幾句來抄，搞得自己的文章不倫不類，甚是好笑。

　　我常來向她請教，她總是不厭其煩地給我指點。就這樣，隔著屏幕，我們竟也培養起了姐妹般的情感。

　　閒來無事的時候，我們倆就在網上有一搭沒一搭地聊天。

　　「上中學感覺怎樣呢？」我問。

Chapter 1　在現實的生活中，機智的活著

「挺累的，有做不完的功課。」
「那妳還有時間寫作嗎？」
「擠出時間寫，或是等家裡人睡著後偷偷寫。」
「我覺得寫作是件很好的事情。」
「我也覺得。」

但等我上了高中，南笙卻從網路上消失了。

她的帳號突然不再登錄，就連以前天天打卡的寫作帖都不更新了，就像從異次元大門進入了另一個世界。我好幾次嘗試聯絡她都毫無結果，設想了無數種可能也無法驗證，最終只能逐漸將這件事淡忘。

那時閱歷尚淺的我，並不知道在寫作的路上，本來就有很多人前仆後繼著，有人突然火了，也有很多人在中途熄了火。

後來，我才發現，比起一成不變的人生，與過去的自己告別才更像是生活的常態。

我曾在一檔節目裡看到分別25年的愛人重聚。當事人說，很多事情就像經歷過的一場夢。

不知道為什麼，我突然能夠理解這個感慨。

人是多麼善忘、又多麼容易習慣的一種動物。無論誰離開原來生活的軌跡，起初或許痛苦，但熬一熬也就忘記了。

長大後，我曾經找到小學時畫的各種古裝少女，以及學畫畫時畫的各種樣圖，還有給全班同學寫生做模特兒時的畫像。

　　畫裡的我紮著兩個小辮子，穿著小貓圖案的短袖，看上去很是陌生。這種陌生感源於那些事情已經不會再去做了，或者就算做起來也不能像是當初美好的樣子──即使它曾經如此熟悉，佔據了你生活的全部。

　　：）

　　我以前在劇組工作過一段時間，劇組的工作人員會特意交代我們，不要對資深藝人說「我看過你演的某某角色」這類看似讚美的話。那時我很不能理解：誰會不喜歡被人讚美呢？

　　有一天我和一位自己很喜歡的資深藝人合影，情不自禁說起我很喜歡他以前的某部戲，結果被他開玩笑地反問了一句：「是妳喜歡還是妳媽媽喜歡？」

　　後來，我慢慢理解工作人員的忠告──你在誇的那個人，於他自己，也是某個階段的陌生人。與其誇獎從前的他，不如試著了解現在的他。

　　前段時間，我心血來潮，用十年前用的帳號登錄了早就無人

問津的文學論壇，看到了南笙的私訊，她在私訊裡給我留了個聯繫方式。

言語間我知道，她結了婚、生了孩子，文筆依舊，卻不是當年憤世嫉俗的味道。

她發來一張照片，全家福裡摟著孩子的母親，早已不是年輕的模樣。

我問南笙：「如果讓妳再選一次，寫作與家庭，妳選哪個？」

我隔著螢幕，遠觀著她的沉默。隔了很久，她終於打出一行字──

「以我現在的情況，應該會選妹仔。」她都叫女兒「妹仔」。

然後意味深長地重複了一句：「是以我現在的情況⋯⋯」

在這個經歷了婚姻、擁有了家庭的成熟女性的位置上，已不是十多年前的南笙。16歲的南笙已經那樣陌生，連那一副「看誰也不順眼」的神情也模糊了。

但現在的南笙卻告訴我：「沒關係，我不覺得可惜，也不會為此停止努力。」

我敢保證，你一定會在某一天遇到陌生的你，只是時候未

到。因為未來還有很多需要放棄和改變的時刻,你放棄了一個愛人,人生就把另一個你留給他;你放棄了一份工作,人生就把另一個你留下挑燈夜戰了。

當你不愛了,再去回想當時的自己,這大概就是古語說的「恍若隔世」吧?

我們年輕的時候都說自己要做英雄,卻大多成為平凡世界裡碌碌無為的眾生。按照既定的軌跡:念小學、讀中學、上大學,供房貸、存嫁妝、養孩子,生活、成長、死去。

就像南笙踏入了曾經看不慣的世俗裡,我心裡清楚,我也一樣。或許我未來也會有我的「妹仔」,或許會踏進未知的人生洪流⋯⋯但這並不可怕。我現在能做的,是為此時此刻的自己負責,做好手邊能完成的事。因為我們終會與現在的自己告別──她可能會在某天突然停止成長,但在此之前,她會好好長大。

謝謝每個階段停止成長的那個自己。

時光的火車開走,她被擱下,光著小腳站在軌道旁,等待著我想起她,回來聽她兜裡的一籮筐故事,然後拍拍她的頭,衷心地說聲謝謝啦!

其實我心裡知道,她一直注視著我去哪兒了。

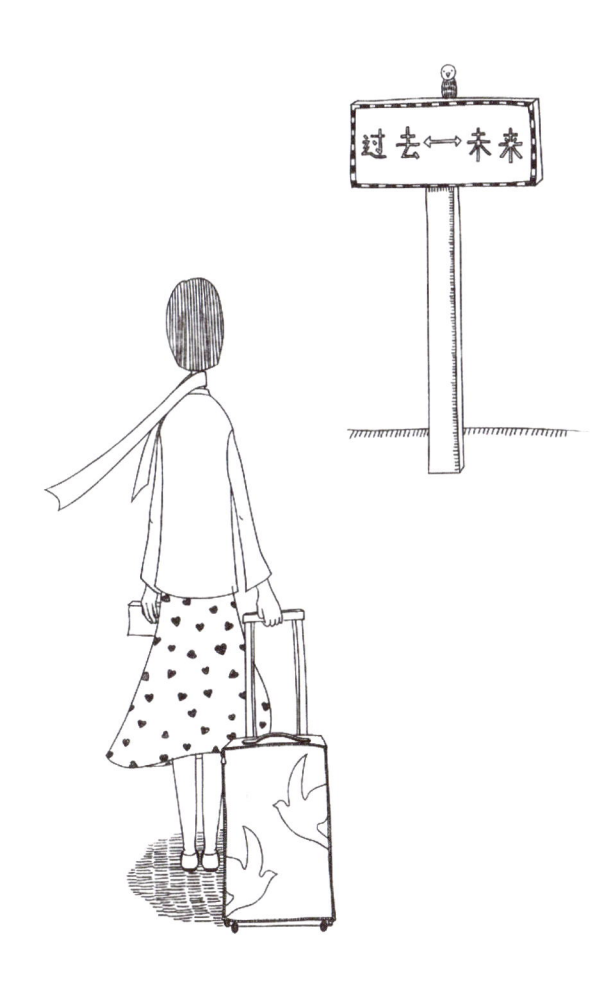

Chapter 1　在現實的生活中，機智的活著

Chapter 2

緣何努力，
不過是因愛而起

你的強大，
才是你身邊人的底氣

✕

我在橫店拍戲的時候，同宿的女孩叫蔣荷花。

那部戲的導演是個南方人，用獨特的口音給蔣荷花叫成「姜發發」、「薑活發」……

有時候名字特別容易叫也不好，一不小心被人叫順嘴了，他就時不時喊你一聲。

導演想到她，就會在現場叫一聲：「發發過來一下」、「活發活發！」……

荷花在街道佈景的另一頭，隔著一百來米就能聽到她嘹亮的回應：「聽到了！」

然後，就能看著那小黑點「撲棱撲棱」地一路小跑，突然間就出現在了監視器後面。

蔣荷花積極樂觀，就像春天裡常開不敗的花。

她在橫店當替身，一般做「文替」，就是偶爾給女演員試試光、替女演員走個位置、拍一些不露臉的鏡頭。後來為了多賺錢，她也做「武替」，技術有限，只能做最次等的「武替」，替女演員完成一些可能會受傷的鏡頭。

回到宿舍，偶爾能聽到她和媽媽打電話。

「花花啊，妳什麼時候才能帶個男朋友回來給媽瞧瞧啊？」

「花花啊，妳什麼時候上電視，也讓媽看看啊？」

荷花就在電話這頭支支吾吾地答著：「我過得很好，我今天還看到那個⋯⋯就是媽喜歡看的那個公子哥⋯⋯」

但她沒告訴媽媽，那天她做了替身，為了拍一段牌匾從塔樓上砸下來的戲，她的背上被道具砸出一塊淤青。但鏡頭裡沒有她的面孔，也沒有她被砸傷的後背。

劇組給她包了個紅包，她一打開，拿了錢就揣到包裡。「就這麼一點哦？」嘴上這樣說著，但她心裡還是感激的。擦擦離家的眼淚，明天繼續背井離鄉的日子。

荷花的弟弟不是讀書的料，一個16歲的小夥子，但凡在讀書上不成器，按村裡人的慣例，就是要去工廠或工地打工討生活。

她曾經拿弟弟的照片給我看，一臉得意地誇弟弟「皮相好、

人白淨、腦子活絡」,我接過一看,就是個相貌普通,說不上「好看」的男孩子。

「我也不願意他去,工廠太苦了。」

「我先來混幾年,混好了就帶他來。他明年放暑假就可以實習了,我就帶他過來。」

「我打點了很多關係,認識了很多副導演,」她自信地說,「只要他爭氣,只要他能吃苦,就一定有機會。」

荷花對這個世界抱有很多純潔而樸素的想法,比如說,她覺得她弟弟只要努力就一定能紅。

荷花說,她這個年紀的女孩,在村裡早就嫁人了。媽媽希望她早點嫁掉,也是希望她能有座靠山。

「我也想找個好一點、富一點的人家嫁了,可那終究是別人家的東西。」荷花說這話時的神態,依舊固執如她。

「我媽想要什麼,不能靠我,只能去求他。我弟弟遇了事情,也要靠他,我不能讓一家人都陪著我寄人籬下。」

有一天,我們下戲早,坐在床沿,有一搭沒一搭地聊著天,一邊聊著,一邊互相鼓勵著。

我們這麼努力尋求獨立,不是為了有一天能放棄依賴,而是為了有力量去抱緊想要抱緊的人。

所以，我只能努力，擁有物質，站在食物鏈的最頂端，目的不是為了欺負更弱小的人，而是為了保護我愛的人。

不要去指望伴侶、親朋的成功，能對你帶來什麼驚天動地的改變。「他們的東西」再多也是別人的，再理所當然也是施捨。

他們的義務僅僅是對你好，那些愛屋及烏，是情理，而不是責任。

所以電視劇裡才有那麼多鳳凰男高攀之後因為拖家帶口，從女方家撈好處而惹人煩的橋段。男方的家人，捅破他們是男方親人這層皮，和女方不過是有著施捨與被施捨關係的陌生人。

男女互換，也是同理。

：）

大學畢業之後，我非常認真地和母親談過，希望她提前退休，不要再出去工作。

她有自己的夢想和想做的事情，我一直都知道。她說起以前在學校裡設計衣服的快樂，摸著街上各種材質的衣服說著「我上學時設計的衣服肯定比這個好」時，眼睛都是閃閃發光的。

我不想她等到更老、更需要照顧、更走不動的時候，才開始

踐行年輕時保有的夢想。

但母親堅持還是要繼續工作,我知道她一直想保護我。她知道,若她追逐夢想,這大樑我一個人撐著,肯定會有被迫放棄的時刻,有更好的機會也不敢去爭取。

但是,她不靠我,我才會有後路;她獨立了,我才能心無旁鶩地走自己的路。

前一段時間,好久沒有聯繫的學姐突然發短訊請我幫她轉發消息,她的母親得了重病,需要在網路上募款。我在金錢上比較謹小慎微,隨即給她打了電話進行確認。

她絮絮叨叨說了好多,最後說:「我能解決,也就不靠你了,妳認識的人多,也許比較有希望……」

都是被現實逼迫得無路可走的可憐人,可是我除了曬一張杯水車薪的捐款記錄,還能做什麼?

我做媒體,可我只是其中最渺小的一顆螺絲釘,沒有權威的發言權。我曾在醫院工作,可我掛號也一樣要去排隊取號。

在親人朋友遭遇困難時,因為自己的無能,會產生深深的無力感。

母親老了,偶爾會說起自己的腰不好,或者拿著檢查單問我上面的箭頭是什麼意思。

遇到以我淺薄的醫學知識並不能解釋的問題，我也像學姐一般瘋了似的打電話、發訊息、求助朋友，想要弄明白箭頭背後的各種可能性。

之前母親持續頭痛，整晚睡不著，到醫院也查不出原因。我開始打朋友的電話，企圖從他們那兒獲得解決方案。有些朋友輾轉給了我其他醫生的電話，而我握著電話，連撥號的勇氣都沒有──

我在醫院待過，我知道這一切是多麼的惹人厭煩。

我們素未謀面，卻想要用「情誼」去交換別人寶貴的時間。

如果，我還在醫院工作多好，或是，我學業專精一點多好！

再不濟，要是腰纏萬貫，能帶著母親四處求醫，打通上下關係也可以。

這就是為何我們要奮鬥，為何我們要獨立。是讓自己摯愛的家人不在求人辦事的時候看人臉色；為了他們不在夫家人或是岳家人面前受白眼；為了他們在被不公欺凌時，可以真心實意地伸出援手。

這不是「釣個好老公」或是「娶個千金女」可以解決的問題。你的好伴侶是你的底氣，而你的強大，才是你身邊人的底氣。我們都是這麼平凡，卻是那麼多人眼中的中流砥柱。

我們緣何努力？不過是──因愛而起。

你的每一天，
都是一筆「人間儲蓄」

×

　　前幾天和一個朋友聊天，聊著聊著話匣子打開了，朋友說起她嫂子第一次到家裡的情形。

　　那時候他們家經濟條件很一般，哥哥在堂叔的小廠裡工作，每個月只領三千元人民幣，卻頗有「阿Q精神」，成日快活似神仙。

　　她特別喜歡嫂子，是因為嫂子第一次見到她時，送了她一套香水禮盒，比她從小到大聞過的都香。後來她才知道，那個品牌叫香奈兒，價格貴到她不敢想像。

　　嫂子雖然不是出身大富大貴人家，但比起她的家境，算得上殷實。未來媳婦第一次來家裡，她們全家自然是擺出大陣仗，母親特地去買了鴿子燉湯，然後做了家鄉口味的紅燒肉。

　　嫂子是見過大世面的人，嘴上抹蜜向在場的親戚拎著禮物問

安,開飯前更是像模像樣地擺好了全家的碗筷。

結果飯吃到一半,哥哥去上廁所,卻看見媽媽在廚房裡抽泣。哥哥有點慌了,心想母親該不會對未來兒媳婦不滿意?

果不其然,母親說:

「你看她擺碗筷的樣子,哪像是在家裡幹過活的人?」

「你看她穿的衣裳,那布料、那款式,哪裡和你妹妹穿的是一個檔次?」

「你看她那做著美甲的手,哪兒像我們家這麼勞碌,一看就是在家做慣小姐的……」

哥哥趕緊拍胸脯向母親保證,與女朋友相處很久,雖然她有些小女孩的驕縱脾氣,但絕不是那種被慣壞的嬌嬌女。

沒想到,母親一邊抹著眼淚一邊說:「人家隨隨便便都能嫁個好人家,憑什麼就嫁給你了?我不是怕人家女孩後悔,就是感覺我們一家人都活得本本分分,現在平白無故就像虧欠了一個人似的!」

後來朋友跟著父母去拜訪嫂子的父母,全家特別慎重,事先準備好足夠場面的禮金、禮品。

對方是開明家長,全程都很熱情。回去的路上,母親卻突然嘆了口氣:「人家父母當著我們的面不敢說,是怕女兒將來嫁到

我們家受委屈。我們自己心裡要知道,是高攀了人家的!」

一路上,母親對兒子交代了無數遍「要爭氣」,反反覆覆,恨鐵不成鋼。

朋友的哥哥本來是個吊兒郎當的人,畢業後每份工作都堅持不了幾個月,卻從那天起拼命工作。原本他每天懶懶散散,遲到早退,恨不得癱在工位上混日子,從那天以後竟然主動向領導求教,學新的技術,次次培訓都不落下,他的表現被領導看在眼裡,很快就做出成績,升了職。

大家都疑惑,一個浪子怎麼就突然洗心革面、發憤圖強了?

後來朋友才聽哥哥談起,說第一次意識到自己要努力,居然不是被媽媽痛罵「你養不起我」,也不是前女友嫌貧愛富說「他比你有錢」,而是他媽媽抹著眼淚說的那一句:「我一輩子沒欠過人,老了才來虧欠這麼秀氣好看的小姑娘。」

:)

電視劇裡的主角多是有朝一日尊嚴被人踐踏,方才如夢初醒,然後發憤圖強。

可現實中更令人心酸的情節是這樣的:有仙露瓊漿從山上傾

瀉而下，而你手上的葫蘆瓢太小，盛不住。

才沒有什麼「恨催人行早」，分明是「愛催人行早」啊！

日本有一檔整人節目叫《人類觀察》，其中有一期是兒子整父母，說自己和當紅女明星準備結婚。節目中母親的反應和朋友的媽媽如出一轍——數落兒子「你會讓人家等很久」，並心懷愧疚地向女方道歉「他現在混得不好，辛苦你了！」

為人父母者，見到孩子沒出息、渾渾噩噩，還能強撐著送他一程；看到孩子沒出息卻前途光明，知道他的努力匹配不上他的運氣，更怕他被運氣反噬，暗將一軍。

很久以前就有長輩告訴我，一個人一生所做的努力，都是儲蓄。一個人努力攢下的財富、別人對他的信任感、累積的社會名譽……都是即時存取的長期存單。

但我們這代人中好多人還真沒有什麼儲蓄的習慣，自己出去有多少花多少，享受「此刻」更勝過為未來戰戰兢兢。

我負擔得起月光的生活並且享受其中，我大可以放縱自己做一條永不翻身的鹹魚；可最關鍵的時候，我才發現，原來還有人需要我的「人生儲蓄」。

我們的每一次努力，都是一筆儲蓄。這種儲蓄父母能提取，愛人能提取，所有和你擁有親密關係的人都可以按感情親疏提領

額度。

這筆儲蓄,容不得你是月光族,更容不得你原地踏步。

:)

可以確定的是,也有很多人曾經,或正在為你努力儲蓄著。在你接受愛、被愛的時刻,就已經成為需要自己去翻本的「負資產」了。這不只是對他人的回報,也是對自己的回報——付出本身是相互的。

曾有位讀者在後臺留言給我:「有一個女孩追我,被我拒絕了。原本我的計畫是不會太早結婚,所以畢業後四年裡幾乎一分錢都沒有存。遇到她,才開始痛恨兩手空空的自己,可我有什麼辦法呢?」

我一時間不知道要怎麼回答他的問題。

人當然不是為誰而活,更不用活在別人對你的期待裡。但誰都不希望有一天意識到自己需要努力時,是因為差點失去一個自己愛著的親人和朋友,或是配不上自己想愛的人。

趁時間尚早,用生鐵磨出一套刀槍斧鉞,為愛的人圈起屏障,提升自己愛人的底氣與能力。

Chapter 2　緣何努力，不過是因愛而起

最怕人間雪滿頭

×

　　外婆曾經養過兩隻鸚鵡，雖然外婆說是金剛鸚鵡，但我翻遍了整本觀鳥手冊，都沒有找到長成這樣的金剛鸚鵡。牠們是一對從別人家飛出來、呆呆傻傻的鸚鵡，像失心瘋似的停在我們家晾衣杆上。

　　外婆用綁了線的細竹子撐起斗笠，在斗笠下放上碎玉米粒，拉著線的另一端躲在門後。等到兩隻鸚鵡都進斗笠底下覓食的時候，她將線一拉，兩隻鸚鵡就成了甕中之鼈。

　　兩隻鸚鵡很恩愛，每日都能見它們互相整理翠羽，在鳥食面前秉持著「溫良恭儉讓」。

　　有一天，外婆忘記關籠門，公鳥偷偷地飛出去了。

　　我們都猜公鳥過不了幾天就會回來，牠識得母鳥的聲音，曾經「越獄」過幾次都能飛回來，照樣能中「竹子撐斗笠」的老招

數。

可是這一次，它沒有回來。

那天半夜，外婆聽到門外有淒厲的鳥叫聲，幾次披衣出門都沒看到鳥的影子。過了幾天才發現，靠近籠子的地方，不知道被誰擺了一根白色的塑料水管，把水管移開，裡面掉出一隻羽毛雜亂、早已僵冷的鳥。

母鳥一直很怯生，那幾天卻變得異常亢奮。剛換完新的鳥食，牠就把頭埋進食盆裡一頓猛吃。每天嘰嘰喳喳叫喚個沒完，引來一群各式各樣的公鳥，牠來者不拒，對每隻鳥都來了一場「深度訪談」，活脫脫是個「鳥中潘金蓮」，弄得我家陽臺就好像飛禽市場。

正當我以為母鳥即將展開「鳥生第二春」時，它在一個寒夜裡，靜悄悄地死了。

清理籠子的時候，外婆說：「它應該比誰都想活啊，可就是活不了。」

那時候我還小，不理解這句話的意思。現在想起來，那真是人世間最深的淒涼。

那夜公鳥失足跌落水管裡，就在離母鳥咫尺之遙的地方掙扎。那嘰嘰喳喳的鳥語裡或許最後有一句是：

Chapter 2　緣何努力，不過是因愛而起

「親愛的，我逃不出去了！妳一個人要好好的……」
「……可是，你先走了，我怎麼能好啊？」

:)

後來，我家再也沒有養過金剛鸚鵡，這是外婆定下的。

每當她提起當年那兩隻鸚鵡而哀聲嘆氣時，外公一如往常的在一旁笑話她。

外公當年是家境富庶的大家少爺，曾祖父光是姨太太就有七八房，其中一個還曾是歌廳頭牌。

我曾經隨著家人祭祖路過祖屋，祖屋是大格局的西式洋樓，以細緻的雕花鐵窗訴說著當年的氣派。若從外公那一輩算起，我也能算半個「家道中落」了。

無奈外公是個半生被懸掛在時代浪尖上的人，他剛從同濟大學畢業，就遇到缺衣少食的年代。那時他的父輩早已沒落，姨媽和大哥又遠隔著臺灣海峽，一家人大江南北四下分離。

一時間，柴米油鹽成了比知識更為難得的存在。他出身大戶，大手大腳慣了，塊頭大，吃得多，配給的糧票只夠他二日飽

腹十日饑。

就在這時,餓到浮腫的外公經人介紹,認識了在國營雜貨店工作的外婆。

初次見面,她甩著兩條烏青的辮子嗤笑他:有知識算什麼本事?先吃鹽把腫消了再說!

其實,在那個人人缺衣少食的年代,要弄點吃的談何容易?女孩卻自有辦法,她把自己的鹽全省下來給他,每天關店前都把店裡賣空的鹽袋子泡在水裡,泡出滿滿一缸鹽水。

後來人們都說外婆是大腳文盲,高攀了高才生。

可是外公說,他忘不了那個畫面——甩著辮子的女孩滿臉紅撲撲的,一路小跑過來,往他手裡塞了袋鹽。

外婆愛吃大魚大肉,後來日子過好了,更加變本加厲,彷彿要把年輕時少吃的那些都補回來。

小時候我吃飯掉了一塊肉,她都把筷子伸過來敲我的碗沿,用手戳著我的腦袋怪我浪費糧食。所有的食物,能紅燒的絕不清燉,能多放二兩鹽絕不少放,怎麼香怎麼做。

這樣愛吃大鹽大油的外婆,這幾年突然開始清淡飲食,每天晚上都固定要看一檔養生節目,比年輕人追劇還要執著。

每次菜一上桌,外公立刻皺眉:「太淡!」

外婆氣得罵他:「自己不知道自己血壓高得嚇人,死老頭子⋯⋯」

那個「死」才一出口就覺得忌諱,趕緊閉口不言。

他們的「飯桌戰爭」是持久戰,我們這些小兵小卒,每次都要被迫站隊。

外婆的牙齒提早退休了,外公就取笑她是「沒牙老太」。外婆絕地反攻,說外公是「禿頭佬」,還特地把菜煮得稀爛,糊成半流質,假裝自己還能嚼能咽。

笑過之後,外公偷偷地把我拉到角落裡,摸著自己漸高的髮際線,說外婆牙齒不好,讓我不要總抱怨外婆的菜煮得太爛。

老兩口年輕時恩恩愛愛卻沒有什麼共同愛好,老了倒是培養起了共同愛好,喜歡看別人老當益壯的案例,尤其喜歡聽長壽村的新聞,桌上整天擺著一疊養生手冊,日日共讀。

到了一個年紀,再去看兩位老人,好像理解了他們的互相珍惜。

:)

我們家是舊式的南方家庭,男主外,女主內。

60歲之前的外公堪稱修電路的宅男,從未碰過油鹽醬醋和鍋碗瓢盆,分不清大蔥和韭菜,每天坐在老爺凳上一聲令下,外婆就端菜上桌。

直到有一天,外婆開始假借腿腳不便,讓外公上超市買菜。因描述不清超市的位置,外婆就大手一揮畫了張路線示意圖,一看就是處心積慮地偷懶。

第一天,外公買回還有一週就要過期的脫脂牛奶,被外婆罵得狗血淋頭。

第二天,外公買回厚皮白瓤的西瓜,又被外婆說了一頓。

後來每次我一回家,外公就來訴苦:「妳外婆反了,淨折騰我這把老骨頭。」但買菜的技術也越來越嫻熟,不僅知道怎麼挑水果,還知道活魚要在櫃台算完錢後拿到小窗口現宰。

每次外公介紹桌上哪道菜是出自他手,外婆就很得意:「我教的好徒弟!」

發派外公學做菜還不夠,外婆還在每週末的早上拽我起床,讓我學著一起做,美其名為「要懂得抓未來老公的胃」,我解釋說網路上都有食譜,她得意的說:「妳外公就吃得慣這個味道,別人做的他都吃不慣。」

沒想到,我的苦日子還不只如此。外公開始積極地教我換燈

泡、接電線。 我天生懼高，一踏到階梯最高階就忍不住哇哇大叫，時常被外公臭罵：「妳這麼沒用，我哪天說不在就不在了，外婆想要換個燈泡怎麼辦？」

我們家向來民主，從來不提什麼「養兒防老」的理念，但這幾年，以往思想最開明的外公變得常常強調孝道。

我喜歡週末賴床，他就背著手站在床頭，怒氣沖沖地對我吼：「休息日不起床幫外婆幹活，真是白養妳這麼大！」

偶爾，他還對我提起太婆，說太婆嫁得晚，我出生時太婆的眼睛已經看不清了，實在太遺憾。一邊旁敲側擊地鼓動我：「快安頓下來，別嫁得太遠了，到時候外婆有事情找不到妳。」

他早已意識到自己失去了主導家庭大事的權力，只手握一點殘存的威嚴。 即便這樣他也要全數用上，企圖用一家之主的地位威懾後輩——如果有一天他無法再保護他的小姑娘，拜託請你好好對待她，別欺負她。

他們害怕自己的離開對另一個人產生太大的影響，都在努力為對方塑造一個「我離開也不會有太大變化」的世界。

外婆信佛，屋子裡擺著佛龕，初一、十五都要母親去山裡「拜拜」。外公信基督，偶爾會帶我到教堂裡唱詩。

外婆每次在家拜佛，第一句話就是要各路神仙保佑外公身體

康健。

　　有一日，我坐在書房裡，聽到外公在低聲做禮拜，虔誠地禱告說自己的一切都源於外婆，希望神能賜福給她，延年益壽。

　　因為相愛，所以彼此的神明都在保佑著有另外一個信仰的人。這反倒讓我覺得，人世間所有的信仰，不過就是簡單的一個「愛」字。

　　有時候，我會想起那兩隻金剛鸚鵡。

　　愛情走到最後會是什麼樣子呢？大概就會變成一種深入骨髓的想要努力共同活著的信念。

　　人拗不過命運，真正的愛情到最後會變成兩手周全的準備——想趁還能與你同路，為你把人生打點得妥妥帖帖，不論是我先走，還是我後行。

　　我曾經以為，在愛情裡最需要提防的是爭執、背叛、離棄。少年時最盼人間雪滿頭，情願一路向北，願愛如松柏最後凋。

　　但現在才發現，對於有愛的人來說，愛情到最後，是唯怕人間雪滿頭。

1991 年的少女，
今年依然 24 歲

曾經有段時間，我和我媽的關係很差。

剛上高中的時候，我開始陸陸續續在報刊上發表文章，極愛讀海子的詩歌，似懂非懂地把「海水點亮我，垂死的頭顱」掛在嘴邊。「少年不知愁滋味，為賦新詞強說愁」，我當時大概就是這種狀態，假裝離經叛道，可骨子裡還是個小孩子。

母親批評我在書桌前磨洋工，我就要反駁一句「妳只知道說我，自己當年為什麼不用功一點」，不反駁心裡就不痛快。青春期撞上更年期爆發的戰爭，在我們家越演越烈。

我媽懷我的時候年近30歲，在那個年代，算是高齡了。

我上高中時我媽已45歲，突然變得很怕老，每天對著鏡子擔心自己的魚尾紋和日漸鬆弛的皮膚。

年歲還小的我並不清楚女人意識到自己老了，不是在某個階段，而是一瞬間的事，只覺得她越來越囉唆，還突然喜歡懷舊。

　　她開始回憶當年《排球女將》火遍全國的盛況，更免不了要說她年輕時最愛看的瓊瑤連續劇。

　　我媽年輕時，臺灣的偶像劇風靡一時，尤以瓊瑤作為編劇的「三朵花」、「六個夢」系列最為火熱。電視劇裡的主題曲《梅花三弄》是當時最火的歌，連3歲小孩都能夠清楚地背出其中「梅花三弄風波起，雲煙深處水茫茫」的念白。

　　可是到了我懂事的年紀，瓊瑤連續劇已是老舊的回憶。那時「日韓流」正異軍突起，時尚雜誌上是日本的模特，留著栗棕色的鬈髮，穿著性感的吊帶裙。

　　我也背著母親偷偷買了電棒，自己在家捲頭髮。因為技術不精，燙到了後頸，留下一塊黑疤，疼到不行，只能拜託我媽去買藥，結果被大罵了一頓：「漂亮的人就算披頭散髮都好看，妳看那些瓊瑤劇裡的女主角，清清爽爽的穿白色連衣裙多好！」

　　我們之間的關係開始陷入死循環——我覺得母親所謂的流行早已悄然遠去，而她執著地認為我關注的東西全都是垃圾。

　　當時我們班轉來一個長得很好看的男生。班上人數太多，在原本四列課桌的基礎上，又在中間加了一列小桌子。班主任為了

保護我們的視力，每兩個星期會按從左到右的順序給我們調換一次位置，只有坐在中間一列的同學，因為不好安排就不進行調換。

那個男生就坐在最中間的一列，和我同一排。因為這樣的安排，每隔兩個月我都能在那個男生旁邊坐上兩個星期。

我表面上裝作若無其事，一副雲淡風輕的樣子，卻在心裡數著日子，盼著那一天快點到來。

好不容易坐到那個男生旁邊，可是兩個星期實在過得太快了，一眨眼又到了要換位置的時間。

和他坐到一起的日子，我心裡歡喜得不得了，每天回家總在不經意間說出一些關於他的訊息。

比如說，物理課我們兩個被分到同一組，或是化學課我們一起做實驗。我還假裝自己上課來不及做筆記，借來他的英語筆記本，特意拿給母親看，誇他的字好看。

我捲頭髮的次數越來越頻繁，偷偷地在校服裡面穿花邊內搭，這些都被母親看在眼裡。

有一天，母親假裝不經意地問：「妳天天說的那個男孩子，到底長什麼樣子？」

我嚇得趕緊矢口否認：「我哪裡有天天掛在嘴上！」

但這幫我找到了好藉口,我以「我媽想知道你長什麼樣子」為理由,約了那個男生去拍大頭貼。兩個人在遮光的快照棚裡忙了半天,終於拍出了一小袋照片。

我興高采烈地拿去給我媽看。她正在看CCTV懷舊劇場,指著電視螢幕問我:「妳還記不記得小時候陪我一起看過?那時候妳還說『這個姐姐有小熊,我也要有小熊』,還問我東北長什麼樣子,鬧著讓我帶妳去那裡看下雪。」

電視上播放的是《望夫崖》,一部很有1991年特色的瓊瑤連續劇。我看了幾眼,確實有些熟悉,女孩子紮著兩個小辮子,穿著傳統的服飾,男生穿長衫馬褂。

我鬼使神差地坐了下來陪她一起看,一方面是想找一找童年的回憶,另一方面大概是迫不及待想等她看完電視劇,來看我新拍的大頭貼。

小時候看《望夫崖》,印象最深的就是片頭裡刮著大風的山崖上站著身著一襲紅嫁衣的女主角,所以我一直以為這是一個關於等待的故事,直到那次才真正看懂了情節。

女主角的父親在東北遇險獲救,為了報恩,在恩人離世後收養了他的兒子。男女主角青梅竹馬,但女方家人傳統守舊,認為女人就應該在深宅裡等待先生歸來,在山崖上站成望夫石。

Chapter 2　緣何努力，不過是因愛而起

　　於是童年時她送出了心愛的玩具，只為他不再夜夜思念家鄉的冰雪莽原。

　　她蹬著繡花鞋爬高不可攀的山崖，只為懂他一闋簫聲中流轉的鄉愁。

　　她拽著他奔回東北的小馬，楚楚可憐地問他：「是我待你不夠好，才讓你想回東北去？」

　　直到有一天，這個在雕樑畫棟、深宅大院裡長大的大小姐，忽而撲閃著大眼睛開了竅──「時代變了，我為什麼要在這裡站成石頭，不做朵雲追去呢？」

　　然後，有了他們蒼山洱海的歡喜重逢，有了別開生面的雲南婚宴。

　　雨果曾說過，愛情會讓男人懦弱，卻會讓女人勇敢。

　　這一生，拽著你北上的小馬駒誓不放手，追著你南下的快馬涕淚漣漣，不如我一匹快馬，趕得上相思。

　　在傳統文化裡，除了先秦時代的女子喊出過「縱我不往，子寧不嗣音」，其他時候女子多自居為「藤蘿」，男子為「喬木」──藤蘿終將依附喬木，喬木未生唯有相待。

　　中國女子的望是望不到頭的，是望穿秋水，是望斷心腸，是望夫成石，是一場場望盡千帆皆不是。

在這部畫面昏黃的老劇裡,藤蘿紮了根,穿荊棘避灌木,遍伸藤蔓去尋找她自己的喬木。

我越看越不覺得這是個老舊的故事,它脫離了女性的被動身份,哀婉卻不惆悵——就好像它和我頭腦中的母親也完全不一樣。

:)

那段時間,我和母親的對話奇蹟般地多了起來。

母親邊看邊說起高中時喜歡看瓊瑤的書,常常在語文課上偷偷地放在膝蓋上看。

她還說高中時想嫁給海軍,喜歡高倉健這樣高大威猛的男子。她上學時鄧麗君的歌是被禁的,可是幾個女孩子還是忍不住跑去鄰居家偷聽。

「我當時就想,世界上怎麼會有這麼好聽的歌啊!」她陶醉地訴說著。

這一刻,我和1991年的少女彼此遙望,我甚至忘記了她是我的母親。

她還破天荒地談起與父親的相識。母親是個城裡姑娘,初識

Chapter 2　緣何努力，不過是因愛而起

父親時，他剛剛從農村老家考到城裡讀書。

那時候農村的各方面都比不上城裡，雖然外婆、外公不是迂腐的人，但母親還是同家裡搞了一陣拉鋸戰，才得以和父親結婚。

婚禮那天正好下雨，老一輩的人說結婚時下雨兆頭不好，來看婚禮的鄉親在旁邊議論：「怎麼可能會好？一個城裡姑娘是多沒有出息才會嫁到我們這兒來！」

村裡沒有鋪路，她走在泥濘的路上，聽著沿途的風言風語，抱著在城裡租的西式婚紗大裙擺，硬生生把眼淚憋了回去。

長久以來，我都習慣於母親生來就是母親。我和很多年輕人一樣，往往不加了解就貶損著不屬於我們這個年代的東西。

我將母親年輕時喜歡的東西全部歸類為迂腐、老舊，我以為她不懂愛，我以為她沒有青春過，卻沒想過，曾經的她比今天的我還要勇敢。

我忽然發現，原來母親是可以了解我的。我開始同她分享一些少女的小心思，包括那個坐在中間那列的男孩子。

開家長會的時候，我聽到母親央求老師把我換到中間那列，說是發現我總是斜著眼睛看東西。我羞得斜眼看她，她卻給了我一個狡黠的壞笑。

從那時候起，我眼中的母親開始變得格外可愛。她在樓下看到那個男孩子，還會特意上樓叮囑我：「別讓人家等太久！」

　　我若打退堂鼓，她知道後就給我打氣：「交個朋友也好啊！妳要是畏畏縮縮，以後連朋友都沒得做。」

　　有時候我會想，我們用光影留住的到底是什麼呢？或許，它存在的意義就是讓我們跨越時間和地域，去了解自己生存維度以外的人與事物。

　　我開始覺得，母親的過去就在我的身體裡滋長，只是以一種不一樣的方式和狀態。

　　那個1991年坐在電視機面前幻想著未來的可愛少女，變成了如今的我。

　　我和那個男孩最終也不過是止於友情。後來在同學聚會上，我們談起這一段感情，都覺得那時候單純得可愛。

　　可有個道理卻是歷久彌新的：所思在遠道，身未動心已遠，不如即刻起身，自己備好轡頭鞍韉，長鞭一揮，管它北上南下，誰還擋得住你追去？

父親是條搖滾蟲

　　小的時候，老師問我們長大以後要做什麼？話音剛落，小夥伴們便七嘴八舌地嚷了起來，有的說要做畫家，有的說要做科學家。

　　那時候我以為世界上有一種約定俗成的規矩，所有厲害的人都應該被叫作某某「家」，書法家、畫家、科學家……

　　我也舉手，說我要像我爸一樣，做個搖滾家。

　　我記得當時老師摸了摸我的頭，告訴我那叫「搖滾樂手」，這是我第一次記住了父親的職業。

　　從有記憶開始，父親回家的次數是可以扳著手指頭數出來的，而且還不用算上兩隻手，一隻手就完全足夠了。

　　有一次，他半夜演出完，醉醺醺地回了家，看到熟睡的我，一時酒勁上頭，開了瓶白酒就往我嘴裡灌。

幸虧母親被我的哭聲吵醒,及時攔下來。她心疼極了,吼著父親:「你這個爸爸是怎麼當的!」父親像個做錯事的孩子一樣,侷促不安地靠著牆站著,酒醒了一大半。

這件事情後來成了母親的笑談,只有我一直耿耿於懷,將它視為父親不負責任的罪證。

:)

父親曾經自負地覺得,他的女兒生出來的第一聲啼哭都是自帶韻律的;結果等我長大,我把嗓子都唱啞了,還是不能在老師那裡換來一個及格。我爸不信這個邪:搖滾的爹怎麼能生出一個連一點音樂細胞都沒有的女兒?

直到我有一次被舞蹈老師誇獎有天賦,我爸大喜過望,自以為上天把他的藝術天賦換了一種形式遺傳給了女兒。

父親為我規劃好了成長的軌道,每週末去學舞,等到初中直接上舞蹈藝校。於是週末他不再去排練,而是帶我去學舞。

那時候的爸爸,放到今天來看,就是個名副其實的潮爸。別人記憶裡的爸爸都是騎著吱吱呀呀的破自行車,而我爸每週騎著

摩托車,昂著腦袋風馳電掣地從街頭駛過。

我坐在他身後,眼睛被風吹得看不見前路,只有耳朵還能在風聲裡依稀辨認出父親的聲音——他喜歡唱黑豹樂隊的《無地自容》,永遠都循環在那一句「我不再回憶,回憶什麼過去。現在不是從前的我……」

我在舞蹈室練舞,父親就背著寫有「舞」字的粉紅背包站在門口。

每當我從教室裡出來,他都獻殷勤一樣地迎上來問我:「今天練得怎麼樣啦?老師有沒有表揚妳?」

我每次都面無表情地從他身邊飄過,心裡想的是:終於結束乏味又痛苦的訓練。

:)

上國中的時候,很多同學家都已經有了小轎車,我爸還騎著當年那輛摩托車。

他在一家琴行教吉他,沒有課的時候,還兼職推銷賣琴。銷售是有提成的,但他月月業績掛零,琴行的人揶揄他,人是有「才」,卻是缺「財」。他把夢想都寄託在我的身上,我卻開始

暗自打退堂鼓。

　　某次，我們被老師帶去戶外演出，地點在郊外，結束時天色已晚，老師給每個家長打電話，通知來接孩子。

　　其他的家長開著小轎車來，陸續把自己的孩子接走；就我爸一個人騎著舊摩托車「突突突」地停在我跟前，大手一招：「還愣著做什麼？上來呀！」

　　我不知道是因為太委屈，還是因為天氣真的太冷了，一行眼淚順著凍紅的臉頰淌下來。為什麼別人的父親都開小轎車來，而我的父親卻這麼窮酸？

　　父親幫我戴安全帽的時候，我不知道哪裡來的勇氣把心一橫的說：「爸，我不要練舞了！」他錯愕地看著我，試圖勸說，以為我還是小時候那個用玩具就能哄好的孩子。

　　但這個決定，我已經在他不知道的時候思考了很久。

　　「站在舞臺上是你的夢想，不是我的！」

　　「同學的爸爸都有小轎車，只有你騎這種破摩托車，前後左右都漏風！」

　　「你以為我想像你一樣活著嗎？在臺上像條龍，在生活裡卻不如一條蟲⋯⋯」

　　他一路上沒再講過話。

晚上,他的房門半掩著,我生怕他不同意,偷偷在門口聽著。門內沒人說話,只有重重的嘆息,還有突然高亢起來的歌聲:「我不再回憶,回憶什麼過去。現在不是從前的我⋯⋯」

那首歌,父親已經好久好久沒有唱過了。

回到房間,我很快就睡下了。我對自己說,我沒有必要為父親的夢想買單,我是對的,我一點都不殘忍,我只是做了一個自認為對的決定。

我告別了只讀了半年的藝校。幸好,初一的課程不難,我很快就跟上了。

:）

父親繼續在琴行裡教吉他,也開始努力推銷賣琴。有一天,琴行幫他算業績的時候說:「你什麼時候開竅了?」

他買了便宜的二手車,偶爾還是會送我上學。路上我們沉默不語,路過藝校的時候,我突然感受到他把目光投射在我身上。我順著他的目光轉過頭去,他趕緊握緊方向盤:「別看我,看書!」

之後的日子裡,我開始安安分分地讀書、考大學。

去大學報到的前幾天,他給我辦了個成人禮儀式,趁我媽不在的時候偷偷帶我去他曾經唱過的夜場。

　　夜場人很雜,身穿露臍DJ服的小阿姨帶著笑走下臺來,用手撫摸著我的臉。

　　她看起來很年輕,可是在一閃而過的走馬燈下,顯得疲憊而滄桑。

　　「喲,這是你的女兒啊?長這麼大了!」

　　「可不是,9月份就要去讀大學了!」我爸伸過手,很有力地攬了一下我的肩。

　　小阿姨湊近我,我以為她要仔細打量我,卻沒料到她輕輕吻了一下我的臉頰。

　　「妳爸爸當年可是我們樂隊裡的一把好手,後來有了妳⋯⋯」

　　她看了看父親的眼色,換了個話題:「不過謝天謝地,妳也長成個大女孩了。」

　　父親帶我開了我人生的第一瓶酒。有父親在身邊,我放心地喝到滿臉通紅。

　　「帶妳來見識一下,免得好奇。以後要是朋友帶妳來,妳可千萬別來。」父親頓了頓又說:「這麼不能喝,一點都不像我的女兒!」

Chapter 2　緣何努力，不過是因愛而起

那是爸爸第一次對我說「不像他的女兒」，失落裡帶著一份驕傲。

他紅著眼眶，好像在說：爸爸只能陪妳走到這兒了，前路叵測，妳要自己保重。

:)

某部電影裡，曾是摔跤手的父親努力把女兒培養進了國家隊，女兒學完新的技術，卻回來同父親進行了一場比賽，用戰勝父親來證明「你教我的都是錯的，你那一套已經老套了！」

我比電影裡的女兒更不通曉人意。我直接否定了爸爸的夢想，否定了他的一切，只希望能夠走出一條自己的路。

從決意逃脫父親控制的那一刻開始，我就以為我在自己孵化自己，哺育自己。 我活得剛烈而兇猛，卻忘記了這一切都源於父親放手的溫柔。

龍應台在《目送》裡寫道：「我慢慢地、慢慢地了解到，所謂父女母子一場，只不過意味著，你和他的緣分就是今生今世不斷地在目送他的背影漸行漸遠。你站在小路的這一端，看著他逐漸消失在小路轉彎的地方，而且，他用背影默默告訴你『不必

追』。」

父親懂得這個道理。他明白作為一個父親,最好的陪伴就是像一個戰爭結束就撤退的士兵,沉默不語地消失在我人生的拐角處——儘管這一切是如此殘忍。

父親曾因為我的存在放棄了他引以為傲的夢想,為我營造安穩的家庭環境。後來,他希望我能繼承他的夢想,但他一次又一次地放手,讓我成為和他完全不一樣的人。

搖滾是反叛、是顛覆,而愛是在任何處境下的深情久伴。

我在父親決定徹底不再插手我生活的這一刻,感受到了一種從未體會過的孤獨。我意識到,他對於我,本質上已經是縱貫一生的長久陪伴。

:)

我上大學是2011年。那年春節我回了一趟家,看到春節聯歡晚會上旭日陽剛正在演唱《春天裡》。

兩個老男人嘶聲唱著:「可當初的我是那麼快樂,雖然只有一把破木吉他,在街上在橋下在田野中,唱著那無人問津的歌謠。」

我爸抱著他的老吉他跟著唱。他是真的老了,聲音遠不如從前,只有按弦的手還靈巧著。

我以為他在追憶昔日時光,結果他不由分說地把我攬進懷裡。歌詞正唱到「那時的我還沒冒起鬍鬚,沒有情人節,沒有禮物,沒有我那可愛的小公主⋯⋯」

「可是我有可愛的小公主啦!」他說。

做一個自己當孩子時
幻想出來的媽媽

從小,我的同學們就知道我有個「神奇媽媽」。

小學的時候,學校每次發練習冊,老師都要叮囑我們帶回家包書套。

每次一發新練習冊,我都會一蹦一跳地帶回家,隔天就會拿到一本完全不一樣的練習冊。

我媽喜歡用有小花的漂亮包裝紙幫我包好書皮,還會用毛筆在書背寫上科目和我的名字。每次發練習冊時,我的練習冊都能從一堆塑料書套中脫穎而出,讓我遠遠就能認出來。

「林一芙的練習冊!」每次聽到組長發練習冊,我都故意拖延拿練習冊的時間,想讓大家多欣賞一會兒我的小花書套。

我媽似乎永遠有時間弄出一些新鮮古怪的小玩意兒。比如,

藍白相間的校服裙子上，永遠都多一隻媽媽縫上去的小兔子；筆袋也是媽媽縫的，用的是做衣服的邊料，媽媽將筆袋交給我的時候，特別鄭重其事地說這是世界上獨一無二的限量版。

我竟然傻呼呼的相信了，還煞有其事告訴同學：「這個筆袋有錢都買不到，小心別弄髒唷！」於是，一群和我一樣傻呼呼的同學們，用手小心翼翼地摩挲著，生怕將它弄壞。

我一直以為母親的精緻源於外婆，後來發現，外婆並不會包書套、做筆袋。外婆是個手很拙的人，修補出的圍裙針腳粗糙得讓人懷疑是出自剛學縫紉的小朋友之手。

有一次，我帶著筆袋到外婆家寫作業，被外婆看到了，她撇撇嘴說：「妳媽媽從小就喜歡做這些華而不實的小玩意兒，不愛幹點兒正經事！」

:)

上中學的時候，我開始愛聽流行音樂。那正是唱片業最風光的時候：路過大排檔時會聽到陳慧琳的《不得了》；廣場舞阿姨們居然也會跳妖嬈的《波斯貓》；後來的巨星周杰倫、蔡依林，還是初出茅廬的新人歌手……

學校裡，一些家裡經濟條件不錯的同學買了MP3，故意將耳機線掛在脖子上晃啊晃的，生怕別人不知道。

校園的長廊裡，情竇初開的少男少女，將一隻耳機塞進喜歡的人的耳朵裡，一起分享音樂。那一刻彷彿周遭萬籟俱寂，而兩人獨自擁有新天地。

我小心翼翼地在課本的扉頁抄著歌詞，像驚恐的小鹿一般懷揣著這份喜歡，生怕被人發現。同時將買一部新款的MP3當成最大的奢望。

那時候MP3是個奢侈的物件，那些咬字不清的流行音樂更被老師們認為是壞學生才會聽的「不良音樂」。每天進校門都有兩個站崗的學生搜書包，搜到了MP3就通知家長。我給我媽聽最新的流行音樂，試圖遊說她給我買一部MP3，結果我媽一聽，就把眉頭一皺：「唱的什麼鳥語，一句話都聽不懂！」

哪裡知道第二天早上醒來，她卻突然答應，並提出了條件：「如果妳每天晚上的作業都能在9點前完成就加1分，考試每提高一個名次就加10分，加到100分，我就幫妳買一部當時最新款的MP3。」

我一算，這筆交易再划算不過。只要每天早早做完作業，一百天後我就能拿到自己最想要的MP3了！我把抄下的歌詞貼在

筆記本的第一頁，每天放學先去鄰居家找學習好的同學一起做作業，除了學習幾乎是心無旁騖。

沒想到夢想比想像中實現得更快，一個月後的月考，我破天荒地進了全年級前十名，第一次被貼在學校走廊的榮譽榜上。

我媽兌現諾言，讓我如願得到夢寐以求的MP3。拿到它的時候，我媽自顧自地回憶道：「我年輕時喜歡看電影，還偷偷籌錢買電影雜誌，可惜全被妳外婆扔掉了⋯⋯」

那時候，我正沉浸在擁有一部新MP3的喜悅裡，根本沒有注意聽她在說什麼。

就這樣，我媽幫我包書套、陪我哼著流行音樂到我上大學。畢業後我做媒體工作，但實習並不順利，我工作的紙媒本來就有日薄西山的趨勢，加上業績常常不穩定，我眼睜睜看著同樣剛出校門的同學們透過父母的關係進入好單位，而我們家往上數幾輩都是老實地靠手藝吃飯的，沒有人接觸過媒體。

人在失敗的時候，似乎找一個人怪罪就能減輕自己的挫敗感。我把對工作的不滿都轉嫁到母親身上，莫名其妙地對她發牢騷：「在工作方面妳一點建議都不能給我嗎？」

我以為自己活得披荊斬棘，其實我心裡比誰都怕輸。

原本我是為了內心的快樂選擇這個行業，到頭來卻只能眼睜

睜地看著快樂在其中消磨殆盡。低薪加上不斷衰退的紙媒環境，讓我一度陷入了自我懷疑的沮喪裡。

我的沮喪被媽媽看在眼裡，有一天，她把我叫到身邊，講了一個關於她自己的故事——

我媽年輕時學的是服裝設計，就讀這個專業的女孩能得到一個工廠工作的名額，是一件值得燒香的喜事。

外婆年輕的時候正好趕上了大饑荒，日子過得很苦。在她眼裡，在工廠裡能賺一份十年如一日的穩定薪資，吃喝不愁，已經是最好的生活了，所以她自作主張給我媽換來一個名額。

可想而知，工廠的生活對20多歲的年輕人來說有多乏味。母親每天都做著差不多樣式的打版，偶爾工廠會來一批「大貨」，還要跟著全體工人通宵達旦地加班，幾天下來，眼圈熬得通紅。

這份工作在外婆看來很好，可是母親不喜歡。身邊家庭條件好的同學吃不了苦，紛紛交了違約金，被父母接走。母親也想要走，可外婆卻不同意：「我們家唯一一個名額都給妳了，妳還有什麼不滿意的？」

「可是我也想有我自己的人生啊！」母親吹著當時時興的高聳髮型，大聲地反駁。

但她拗不過外婆，還是循規蹈矩地繼續在工廠工作。她沒有

怨嗎？當然有！20歲出頭的青春，就在一針一線裡縫走了。

當時，年輕人流行去舞廳。母親每天在工廠裡埋頭苦幹，只能看著視頻學跳舞，當然也沒有可以練習的男性舞伴。

她第一次去舞廳，發現遍地都是好看的男孩子。

可跳第一支舞的時候，母親就踩到舞伴的腳。那是個漂亮的男孩子，眉毛淡淡的，白淨又清秀，忙不迭地說著「沒關係」，出於羞愧，母親最後還是害羞地溜掉了。

人生裡的第一場舞會，就這樣變成了心酸又遺憾的回憶，從那以後母親再也沒有去過舞廳。

那時候，張瑜的《廬山戀》正在電影院裡熱映，電影裡，勇敢的少女在情到深處時親了一下喜歡的男孩，成就了「中國電影第一吻」。

母親托人從香港帶了一本封面有張瑜的雜誌，那是那個年代小城少女的奢侈消耗品，她怕被外婆知道，小心翼翼地藏在角落裡，卻在某一天發現自己心愛的雜誌被外婆拿去墊桌腳，害她在房間裡抽抽噎噎地哭了一個下午。

「所以，那時候我就向自己許諾，未來我的女兒可以成為任何她想成為的人，我會盡我所能給予她自由和快樂！」母親對我說：「可能妳覺得妳現在得到的一切都不夠好，但我想讓妳知

道,媽媽在年輕的時候,是多麼渴望這一切!」

我開始了解那些包書套和陪我一起聽流行音樂的歲月代表著什麼。

母親的母親,將她年輕時無法得到並認為最好的東西——安穩和平靜,給了母親;而母親將她覺得最好的東西——自由和快樂,給了我。

這是關於母愛的傳承,儘管傳承下來的是大相徑庭的兩件事,卻都是她們在當下認為最好的東西。

「人只能活一場,不要怕輸,輸了大不了就回家!」我媽說,「我只希望妳在人生的下半場不會感到後悔。」

其實,每一代人都在下一代人的生活中,彌補了兒時未竟的夢想。於是,為人子女總會忍不住埋怨,覺得父母將自己年輕時沒能力完成的夢想變成了揹在下一代身上的包袱。

這就是普通父母的人生,沒有太多的模板可以參考。

但是,每個媽媽無論在子女眼中多麼失敗,一定都嘗試過努力做一個自己當孩子時幻想出來的媽媽。

「這世界上最好的東西,我沒見過,所以只能將我覺得最好的東西悉數給妳,如果媽媽有什麼做得不對的地方,就等妳有了女兒之後再去修正吧!」

這是我的母親,大概,也是全天下的母親。

原諒我
也是第一次為人子女

上一次和我媽吵架,是在大四快要畢業的時候。

那時候我在醫院實習,實習的工作強度太大,以致我每天聞到消毒藥水的味道都有一種要作嘔的感覺。

我在腫瘤內科實習,每天來來往往的都是重症病人及家屬,稍有不慎就會成為病人的出氣筒。

我習慣和顏悅色地面對每一個病人,在他們歇斯底里時思考最妥當的解決方案,同時在老師面前做最聽話的乖學生。

但那段時間我卻頻繁地跟我媽吵架,有時候回到家裡,身心俱疲,就直挺挺躺在床上,我媽有潔癖,從客廳進來隨口嘮叨了一句:「怎麼也不把床單拉平再躺?」

我瞬間就炸毛了,坐起來吼她:「妳沒看見我剛回來,床單

皺一點有什麼關係？我才剛剛有睡意，又被妳吵醒了！」

考醫學院是我自己任性選的，那時候年少無知，一心只想脫離父母熟悉的領域，這才導致了畢業時的糾結迷茫，那個時候，媽媽沒少挨我的數落和責怪：

「別人的媽媽高中時就開始為兒女鋪路，妳當初為什麼不給我建議？」

「妳從來沒有為我的未來負責過！」

……

或許，人落在低谷時，不親手把責任推給另一個人會活不下去，而歸罪於身邊最親近的人就成了最便捷的方法。

我在外越是乖巧，回家便越是任性，並且自以為這一切無可厚非、是可以被原諒的。

漸漸地，我媽對我說每一個字都變得小心翼翼，對待女兒，就像對待一個在門口掛著「請勿打擾」的陌生人。

她會偷偷在我包裡塞小點心，晚上和我一起討論電視劇；她在電視上找食譜，學新菜，生怕那些老掉牙的菜色滿足不了我的口味；每次推開我房間的門總是小心翼翼，想要說些什麼，話到嘴邊又吞下，怕我聽了心煩……

Chapter 2 緣何努力，不過是因愛而起

　　我想，她一定在暗地裡準備了一百種試圖讓我變得愉悅的方法，卻找不到一個奏效的。

　　那一段時間，我在醫院常常吃癟，好不容易做好了消毒準備上崗，病人瞥到我「實習生」的胸牌就要求換人。

　　我媽是個特別怕疼的人，有一次，她體檢回來很興奮地給我看她手上的針孔：「我今天去體檢，扎了四針才扎進去。」

　　我說：「怎麼就傻傻地讓別人扎了四針，為什麼不換個人來？」

　　「那是一個和妳差不多大的實習生，她問我能不能讓她試一下？我看到她就想起妳⋯⋯我想，我現在多給別人一點機會，以後別人也會給妳機會。」

　　我聽得鼻頭一酸。我們家沒有人在醫療行業，誰都不了解這個全新的領域，我媽就用這樣笨拙的方法，暗自期待著世界能對她的女兒好一點。

　　那是我第一次覺得，在為人子女這件事上，我是這樣的不合格，甚至只能得個零分。

　　我不知道是不是有很多人和我一樣，習慣把父母當成最後的堡壘，以為自己在外裝成一個草包，扎一身長短不一的刺，就可

以轉過身來,扎在父母身上。

對外人發洩情緒,可能會因此遭到討伐,為了避免受傷,我選擇點頭哈腰、一味討好。

但在外受的委屈需要找到一個途徑發洩,這時候我找上了父母,因為那是發洩情緒成本最低的方法。

心理學上說,人有一些內在不可見的想法,稱作「潛在信念」。我們在潛在信念裡認為,在社會上我們要為自己的所作所為負全部責任,而父母就像海綿,只要不吸納到極限,一切好壞他們都會照單全收。

曾經看過臺灣童星楊小黎的一個訪談,她說小時候拍哭戲,剛開始導演伯伯們都告訴她「妳要是再不哭,媽媽就丟下妳走了!」但這招越到後面越沒用,因為她發現每次都說要走的媽媽,總是偷偷在旁邊幫她拍照。

聰明的孩子從小就知道,父母說了兩百遍的「妳再哭,我就讓大灰狼把妳抓走」是永遠不會實現的謊言。倘若真的有大灰狼到來,他們只會擋在最前面。

子女洞察了父母的軟肋就是自己後,往往忍不住恃寵而驕地撒潑任性。用妥協的眼光看世界,卻用挑剔的眼光看父母,這大概是天下為人子女者的通病吧!

Chapter 2　緣何努力，不過是因愛而起

　　我媽總是說：「很抱歉，沒能夠幫助妳什麼，因為我也是第一次為人父母。」

　　可是媽媽，請原諒我也是生來第一次為人子女。

爸，
我們做的壞事別讓媽知道

前幾天，我和朋友咖喱走在路上，看到超市門口有一塊很大的看板，寫著「父親節快樂」。

咖喱轉過頭問我：「父親節要到了？」

我們一起感慨，「喪偶式育兒」中的爸爸們存在感真的很弱。我從小就沒有聽過父親講故事，唯一一次他一時興起非要給我講故事，還是我哭鬧著要找媽媽、被他暴揍了一頓之後，所謂的彌補。

福建的孩子小時候應該都聽過「金碟豹」唱片，裡面是閩南歌，每支MV開頭都會有隻一閃而過的金豹。

那時候的時尚是，MV裡的女人穿著比基尼在舞臺上扭動，乾冰若隱若現，展現出一種原始又質樸的性感。

其中最著名的就是那首《愛拼才會贏》，我爸看著扭動的腰肢兩眼就會發光，我也跟著他看，兩隻眼睛跟著他一起發光。

咖喱的父親和我爸不一樣，她家是我們小區少有的「雙公務員家庭」，別人家要嘛慈父嚴母，要嘛慈母嚴父，她家是「嚴母嚴父」。

父親在家裡是規矩的制定者，從咖喱小時候開始，他就嚴格地為女兒規劃著人生：什麼時候起床，什麼時候睡覺，什麼時候寫作業，花多長時間穿衣服，做錯了事要怎麼懲罰……統統白紙黑字列出來貼在床頭。

但就算是這樣的父親，也有「越軌」的時候。

咖喱小時候，家裡買了鈣片糖，母親怕她偷吃，把罐子藏在衣櫃最高處。到了週末母親去值班的時候，咖喱就眼巴巴地看著衣櫃上方，父親忍不住說：「別讓妳媽知道，就吃一片……」但父親常常忘記及時放回櫃頂，咖喱連吃三五片是常事。

上學後考卷要帶回家給家長簽字，成績退步太多咖喱就要挨打。但她自有妙招，每次考砸了都趁媽媽洗澡的時候，把考卷交給她爸簽字。

「這回考得不是很好啊！」她爸眉頭一皺。

「下次會努力的。」咖喱只要一擺出虛心認錯的表情，她爸

就立即心軟，隨手簽上大名。「不要讓妳媽知道啊！」

我們這一代孩子，父親真正以溫情的姿態參與童年的並不多——那麼，父親存在的意義究竟在哪兒？

他們喜歡立規矩，又喜歡打破規矩。天知道那句「別讓妳媽知道」裡，隱藏著多少挑戰權威的快樂。

前一陣子和朋友聚會，到了地點，其他人還沒到，我就在附近的一家麵包店裡坐下來。

我隔壁坐著一對父子，孩子剛剛學算術，父親就讓孩子記錄下蛋糕的名字和價格並且進行對比，要他找出店裡最貴和最便宜的蛋糕。小男孩非常認真地找了一圈，又向服務員姐姐核實之後，興高采烈地來告訴父親。

父親把孩子抱在腿上，額頭對著額頭：「不愧是爹的兒子！」父親滿臉紅暈，就和喝過酒似的，比孩子更像孩子。

同樣的事情，母親會用「你來幫幫媽媽」的口吻來鼓勵孩子，而父親則會用「你小子真行！」這種用語。

所以做同樣的一件事情，孩子的出發點是不同的——對母親是呵護，對父親則是兄弟之間的互幫互助。

可是這種對父親的崇拜什麼時候變了呢？

當我越來越長成一個有個性的年輕人，學會自己去打破規

矩,甚至對陳舊的規矩嗤之以鼻時,父親在心目中的地位就一寸一寸地低了下去,漸漸成了只有手頭錢不夠時才會想起的人。

母親節前一兩週就有花店在門口豎起廣告牌,提醒你:康乃馨代表著對母親的愛;而父親節的廣告多是樹立在超市門口,廣告詞都是:給父親買皮夾、買領帶、買夾克⋯⋯這讓我在很長一段時間裡,誤以為成熟男人不再需要浪漫。

其實正是這個老頭子,偷偷陪著我們在童年做過不知多少浪漫而刺激的事情。

他幫我擦過因為偷吃而沾滿糖漿的嘴;他幫我簽過一份「天知地知,你知我知」的家長通知書;他帶我喝了人生的第一口酒把我嗆得不行,還一臉壞笑地問我「好喝吧?」

他還有個口頭禪叫「別讓妳媽知道」,不過,時過境遷,現在換成我說:「爸,咱們好久不見,什麼時候出來喝個酒吧!記得,別讓我媽知道。」

給你未來的小孩留下時間膠囊

前段時間,看到一個活動,叫作「給你未來的孩子留一封信」,我覺得很有趣,就像小時候擺一排芭比娃娃扮家家酒——當一個年輕人學著用循循善誘的語氣教導他人時,其實也是在用文字與自己和解。

人總是在教訓別人的時候顯得最理直氣壯,那麼,不妨誠懇地教訓自己一回。

:)

「我親愛的未來小孩」——當我寫下這抬頭時,坦白地說,我還不能確定自己是否會想要孩子。

關於這封信的時間,我敲定了許多遍,最終決定以人類的平

均婚育年齡再推遲幾歲。

如果──2035年，我42歲，你12歲，那麼這將是你人生裡有資格過兒童節的最後一個年頭了。

這意味著你將要從媽媽這裡得到一些成人世界裡的小祕密，我想告訴你的第一個祕密，叫「別人的評價」。

心理學上有個概念叫「過度補償」，人由於早期生活中某些東西的缺失，可能會對錢、事業、成功、關愛形成一種執念。

我們成年人通常喜歡將失去的或兒時未曾得到的，在有能力時補償給自己；但童年既已逝去無法重來，所以只能補償給你。

我曾經有一個很深的執念，就是想將我缺乏的一切遞送予你。當我缺少玩具的時候，我會想，以後我要攢很多錢給你買很多玩具；當我面對父母無法給我更多建議的時候，我會想，未來我要做個能時刻為你指出一條「最對的路」的母親。

甚至當我在看見別人家的漂亮孩子、聰明孩子時，我都在心裡說，我的孩子千萬要照著這個模子來長啊！

我12歲的時候是這樣想的，所以我猜，你現在應該也在為自己缺乏的東西憂心忡忡，因而漠視所擁有的東西。

你已經12歲了，我想你一定從小朋友和老師那邊得到了許許多多的評價──關於物質條件、精神氛圍或者天賦。

你應該意識到了自己不是個天才。這一點我很肯定，畢竟僅憑母親的資質，即便用國際高智商組織門薩俱樂部的種子選手中和，結果也應該是不盡如人意。

你會將別人的評價作為衡量自己的標準，這無可厚非，但你不應該是為了彌補缺陷而存在。

是獅子就學會撲殺猛獸，是狗就學會忠誠守家；善待你的欠缺，優待你的天資。

:)

我想和你討論的第二個問題，是「自己的觀點」。

普通人的表達本來就是相當主觀的，有人說花很美，就會有人反駁說「並不是所有的花都是美的」；有人說這本書很好看，就會有人反駁說「這本書一點深度都沒有」。

當你表達一些平庸的觀點，會有人置若罔聞，讓你失去表達的欲望。如果你發出刺耳的聲音，所有人又會掉轉矛頭來污蔑你、踐踏你的尊嚴。

你是不是曾在某一刻不知道要怎樣應對？

這時候，我想告訴你一個思考方法，叫「假如我們在談論大

海」。當有人說大海是會淹死人的,這時候你要舉手贊成他的觀點,因為這是事實。你看過百科全書,也聽過海水淹死人的新聞,就算這樣,你還是可以質疑,去親身嘗試,只是別忘了帶上游泳圈。

當有人說大海是藍色的,而你不這樣認為,你可以大膽去表達並佐證自己的觀點,帶他去看深海的綠和光影下的橙。但你必須知道:被誤解是表達者的宿命。你選擇了表達,就要盡力去佐證自己的觀點或者無視他人的意見。

當你在感慨大海的遼闊時,可能會有人一直在你身邊說大海會淹死人,媽媽希望你遠離他。

我們總是習慣性地把一些後天產生的特質,曲解為「天生存在的」,比如溫柔、中肯。

在很小的時候,我們認為花朵永遠都會是盛開的樣子。到了再大一點,我們開始知道冬季花會枯萎,於是我們憎惡冬季。

這種愛憎分明會隨著成長變得淡化,越成長,我們越能欣賞一年四季。所以,中肯和溫柔並不代表沒有個性,更多時候是一種經歷了世故後的選擇。

媽媽希望你不要因為大海會淹死人,就無視它的美。這是我的生活經驗,雖然幼稚,但希望你覺得受用。

停止不開心

　　告訴你這些,雖然可能並不能讓你在這個世界上活得更好,但或許能讓你在這個世界上活得更快樂些。

Chapter 3

一邊跟蹌前行，
一邊重整旗鼓

停止不開心

也沒多賺幾個錢，
為什麼不回家？

✕

　　前段時間有一篇文章很紅，裡面寫道：在這個時代裡，所有的大城市對年輕人都不友好。

　　可與之相對的是，每年仍有許多畢業生將大城市作為就業的第一站，他們裡面不但有受歡迎的頂尖院校畢業生，還有大量非名校的畢業生，大家在大城市裡做著一份普通的工作，每次回家，都面對著「返鄉青年們」共同面對的問題──也沒多賺幾個錢，為什麼不回家？

　　:)

　　回家，日子會很安逸，可是大城市總有一些原因讓人想要留

下來。

我跟幾個在大城市裡工作的朋友聊天,他們提到各種到大城市工作的理由。

● **自以為關係比規則來得快**

凱哥的老家在南方的農村,前段時間,他小姨丈吃了官司,全家人急得如熱鍋上的螞蟻,小姨選擇信任律師,姨丈那邊的親戚放話說小姨不願意掏錢去打點關係,等著讓先生坐牢。消息傳開,小姨一個女人家除了每天四處奔波地想辦法,還得忍受流言蜚語。

大家長期累積下來的習慣,讓他們遇到問題的時候,總覺得關係要比規則來得快。

因為不相信制度公平,所以會花更多的精力,去打點一些幾乎無用的「關係」。你家出了事情,身邊能有幾十家親戚突然擁上前去,各自都好像手握實權似的,真要落到實處,卻又根本無從說起。

於是,遇事如盲人摸象,除了迷茫,還是迷茫。

這世界上當然沒有絕對的公平,但是大城市裡的相對公平更讓人舒服。

我們這一代開始慢慢地接受秩序、規則的存在,而這恰恰是小城市長期以來所漠視的。

●**對於強大與弱小、好與壞,只有一種判斷**
朋友路非學播音主持,大學期間回家鄉小城市實習的經歷,讓她更堅定畢業後留在北京的決心。

小城市對於媒體的概念是非常不成熟的。路非在一家婚慶公司實習,業餘時間創業做一個私人電臺的公眾號,每個月能入帳一萬人民幣,在小城市裡算是收入不錯的,可是母親依然執著地在親戚朋友到來的時候堅持「女兒還在念書」,親戚們也私下議論她的狀態,將她視為無業遊民。

母親不停地催她去參加國企報考,理由是「沒有工作,哪個男人會要妳?」她做著衣食無憂而自己也喜歡的工作,在母親看來卻成了「不定性」、「太任性」。

小城市裡往往有單一的價值觀念,對於好壞和強弱都有固有的評價標準,一個過了30歲的女人,如果沒有美滿的婚姻,事業再成功也會被裁定為失敗者;一個過了而立之年的男性,沒有幾套房子、幾輛車,在同學會上就會被說成失敗者。

他們生完孩子,就熱衷於帶著孩子去參加各類小比賽,那些

根本不值得一提的比賽在他們那就自行鍍上了一層金，增加了含金量。比起在朋友圈裡收穫新的信息和看別人的生活，他們更願意展示自己生活的方方面面。在朋友圈子裡大肆宣傳孩子考了好成績，讀個好大學，有了份好才藝，朋友圈成了孩子獎章的陳列櫃。

沒有人關心你是不是在做一件自己喜歡的事情，也很少有人會關注你未來的潛力。

● **他們總在干涉我的世界觀**

卜葡是我在一次活動中認識的朋友，她性格跳脫，思維敏捷，喜歡二次元文化，鍾情漢服。

在北京的時候，她身邊的朋友來自不同的生活環境，有不同的生活經歷。談到同一個話題時，經常有互相對立的意見。但這並不妨礙他們之間的關係。大家彼此獨立，交換著大相徑庭的觀點，所有的討論都對事不對人，這讓她回到家鄉後有些不適應。

卜葡曾經嘗試著在家鄉穿漢服出門，被人當面指稱怪人，甚至說她是「假日本鬼子」。在家鄉，她需要隱藏自己所有與眾不同的觀點。

在卜葡的觀念裡，每個人都可以構建自己的世界觀，別人可

以不喜歡,但是不應該強加干涉。任何人都是各自獨立的個體,不能以自己的行為標準去裁定其他人的行為。

但是當一群人的世界觀趨於統一的時候,他們就會不自覺地形成一個圈子,想要同化和征服所有跟自己不同的人。

這種想要「同化他人」的控制欲,使得他們不斷地在追逐一種「相對正確」的生活方式,而去排斥異類的存在。

:)

小城市和大城市沒有孰好孰壞之分,生活方式也難談高低貴賤。小城市是家鄉,永遠帶著一份陪伴你共同成長的溫情。

只是有的時候不是因為大城市有多麼好,而是因為家鄉真的人易歸,心難回。

我相信所有的小城市都在改變之中,一切都是時間的問題。

人生第一堂課：
我們做不到

前幾天，有個遠方親戚在家族群裡分享了一件事。

那位親戚前幾年做生意破產，家裡欠了些債務，幸好還剩一間祖屋，房子像模像樣，一家人不至於流離失所。

但俗話說，再窮也不能窮孩子。幾年前女兒要學畫畫，母親就把祖屋賣了，換了一間遠郊小公寓。

如今，快要高考的女兒成績不佳，見身邊的同學紛紛出國「鍍金」，也冒出留學的念頭。

親戚試圖勸說女兒不要去，沒想到女兒覺得父母對她不盡心盡力，在家裡三天一小吵，五天一大吵。親戚感到寒心，在家族群組裡抱怨女兒不懂事、不懂感恩，讓父母沒有喘息的機會。

「當初學畫畫，全家就已經是咬著牙賣掉房子讓她學了，沒

敢跟她說,她就一直以為家裡只是為換新房賣了舊屋。」

「我們勸她換一條別的途徑,她就質問我,為什麼和我們家條件差不多的鄰居女兒都能輕鬆出國?其實鄰居家的條件要比我們好很多,我們就是怕她被人瞧不起,才在吃穿用度上都向鄰居看齊⋯⋯」

其實親戚說女兒不知感恩也有些冤枉她,她怎麼會知道感恩?並非她索求無度,只是父母在面對自己能力的界限時,以「保護」為名義對她做了過多隱瞞。

小女孩兒今天想學畫畫,明天想要留學,後天她走上社會就會要求特殊的待遇。做父母的,總有一天會滿足不了她所有漸長的欲望。

明明她向前走的每一步都伴隨著父母沉重的喘息,可父母卻摀住了她的耳朵。

:)

坦誠地說出「媽媽／爸爸做不到」很難嗎?
當然。
《失樂園》中有一句話:「世間所有的勝敗爭鬥,最痛苦的

並不是失敗之際,而是承認失敗之時。」直面能力上的不足,何況還是當著子女的面,絕非一件易事。

但「打腫臉充胖子」的問題在於,所有的孩子總會有長大的一天。當長大的孩子開始明白自己的能力有邊界時,也會學著父母的方式,羞於告訴所有人,企圖用相同的方式掩人耳目。生活中,這樣的同齡人太常見了。

在成長的過程中,他們的父母很少對他們說「你很棒」或者是「你不行」。大多數時候,他們聽到的都是——「還可以」、「有進步空間」、「仍需努力」。

他們的父母在面對自己能力的界限時,要嘛就是瞞哄著自己的孩子,要嘛就是以自我犧牲來要求孩子必須懂事。

於是,在這樣的聲音裡長大成人分成了涇渭分明的兩種類型:一種是狂妄自滿全無自知之明,另一種則是怯懦自卑遇事不敢承擔。

父母想要叫苦,但他們眼中的尊嚴卻讓他們緘口不言。

:)

這讓我想起自己的童年。

停止不開心

小學時我非常喜歡看小火車的動畫片，家裡也買了很多火車模型。某一年期末考試，我考了全班第一，便以此為理由，想要一部新的玩具小火車，母親同意了。

我和母親一起去逛商場，正好看到一款天價的進口小火車模型。我滿心歡喜地想要擁有它，但母親卻表示價格太貴，順手拿下旁邊架子上一款價格適中的小火車，哄我買它。

對於一個7、8歲的孩子來說，一部昂貴的進口小火車是多麼適合帶去學校和小朋友們炫耀！我當即就坐在地上撒潑，抱著商場裡的柱子要賴不走，硬是要買價格不菲的進口小火車。

母親直挺挺地站著，冷冷地看著我，任憑我在商場裡撒野。

她接下來說的話，讓我至今仍記憶猶新。

「這不是媽媽能承受的價格，」我記得她的語氣像是在和一個成年人說話，「妳已經上小學了，應該知道這個世界上有一些東西是在父母能力之外的。妳沒有付出過，所以沒有資格嫌棄。」

我瞪大了淚眼看著她。

「我在力所能及的情況下，盡力送妳去最好的學校，就是希望妳未來能夠把握我能力之外的東西。」她繼續說。

在那之前，我對世界上很多東西的價值沒有概念，覺得只要

自己乖巧、努力，父母就會有求必應。

當著孩子的面承認自己的無能，或許對某些成人來說是羞於啟齒的事情。但在我印象中，那次之後，我去買東西都會先看價格標籤，也鮮少提出攀比的要求。

有一種理念一直影響著我：**雖然我在每件事情上都盡力，但這個世界上有一些東西是可以輕易得到的；有一些東西是需要透過努力才能得到的；而有一些東西是即使努力也很可能得不到的。**

這是我的父母教會我的。

:)

可能有人會說，當你篤信很多東西即便努力也無法獲得時，就會變得自卑。

我卻覺得，認清自己的能力底線不會讓人變得自卑，反而會使人更加自信。這種自信是由內而外散發出的，植根於內心深處。認識到起跑線在哪裡，恰恰是在幫你遙望要到的終點，規劃好自己要在中途的哪一站休息。

曾經有一個理論說，人一生都在與現實生活鬥爭；而二分之

一的人的財富、氣質,注定了他們的下一代能保有或無法脫離現有的生活狀態,比如大富大貴之家或是三代赤貧。

在剩下的二分之一人群中,三分之一的人提升了現有的生活狀態,三分之一的人維持現有的生活狀態,三分之一的人則會降低現有的生活狀態。

正因為父母給我上過這一課,我更感謝原生家庭給了我第二種選擇,讓我可以選擇做哪一種「三分之一」,清楚地知道這世上有許多人比我們強,也有許多人比我們弱,不要抱怨目前的狀況。

這不是喪失鬥志,而是學會分辨辛苦的純度。當我們覺得真的很辛苦的時候,比起必須不斷突破自己能力的邊界,更重要的是承認「我可能不行」,然後暗自蓄力或換道而行,期待有朝一日能厚積薄發。

懶螞蟻效應：
別讓偽勤奮害了你

有一次我得了腸胃炎，一週沒有去上班，只能慘兮兮地在家裡和醫院之間往返奔波。

閒暇之餘，我拿出幾本因為工作繁忙而沒來得及翻的好書閱讀，很神奇的是，病好後回到公司，我居然有一種戀戀不捨的感覺。

倒不是想念那種每天帶著病痛僵臥床榻的感覺，而是在開工當天，突然感覺在生病的一週裡好像處理了很多事情，看了很多本書，架構起了一個嶄新的世界觀；但是從回到公司的那一刻開始，我又進入朝九晚五的瞎忙狀態。

想想我在公司的日子，每天早上9點開始上班，先清清桌面、去裝杯水、吃一下早餐，然後看一下待辦事務。

我反省時意識到，我之所以覺得自己在工作中沒有得到足夠的成長，是因為自己很少去思考：這些待辦事務是由哪裡來的？我能不能去優化整個工作的程序？這一步對於下一步有多大的影響？

我只是機械性地完成某些固定的任務，缺乏深思和不斷突破現有知識架構的能力。

對於我這樣上班時間需要全神貫注，而下班時間還需要寫文章、打理自媒體的人來說，恨不得在每個朝九晚五裡抽出一些精力來，補償給下班後還孜孜不倦的自己。

一旦讓自己陷入沒時間去思考、反省、修正、優化的過程，就只會陷入「瞎忙」的泥潭。

我以為熬到雙眼通紅，將每一天的時間無限延伸拉長就可以解決所有問題；但一個月之後，再回顧這個月的工作成果，發現真正對自己產生影響的事件寥寥無幾。

:)

日本北海道大學進化生物研究小組曾經對三個分別由三十隻螞蟻組成的黑蟻群進行活動觀察。他們發現大部分螞蟻都很勤快

地尋找、搬運食物，只有少數螞蟻整日無所事事、東張西望，研究人員便把這少數叫作「懶螞蟻」。

有趣的是，當生物學家在這些「懶螞蟻」身上做上標記，並且斷絕蟻群的食物來源時，那些平時工作勤快的螞蟻竟然無計可施，而「懶螞蟻」們卻帶領眾螞蟻向偵察到的新食物來源轉移。

原來「懶螞蟻」們把大部分時間都花在「偵察」和「研究」上，牠們的「懶」其實是在觀察組織的薄弱之處，同時保持自己的探索狀態，從而保證群體能夠隨時得到新食物來源，這便是「懶螞蟻效應」。

做一隻勤奮的「笨螞蟻」固然重要，但時刻保持一種「懶螞蟻」精神也很重要。

四兩撥千斤的「懶」，有時能勝過機械性重複的「忙」，因為真正能解決問題的方法，不是處理雜事，而是改變事物結構。

當你準備構建一件事情的結構，就像畫一個樹形圖，你必須要有時間去梳理圖形的枝幹，然後再用忙碌的工作去填補枝幹上的細節。

而我們所謂的「瞎忙」，正是因為我們在不停地修整細節，卻忽略了結構的建成。

:)

我有幾個建議能幫你更好地成為一隻「懶螞蟻」,將忙碌轉化為成長:

●**常常清理自己的社會角色**

每個人都在生活中扮演很多個角色,比如,我既是上班族,同時又是作者、自媒體人、父母的女兒、身邊人的朋友。再細化下去,我還可以是一個減重者,或是一個見習中的新廚娘。這些身份有的是固有的,比如說父母的女兒;有的是長期的,比如上班族;有的是短期的,比如減重者。要時常精減剔除那些自己覺得不必要的身分,留下的身分數量盡量不要超過五個,以便於可以用最大的精力去應對現有的身分,獲得更好的體驗。

●**給每一個事件建立自己的結構樹和分階段時間軸**

在執行一件事的時候,一定要清楚這件事情處於結構的哪一部分,是在外延還是在內涵。全域觀念會幫助你不斷調節現有的步伐,簡而言之,你必須知道自己在幹什麼,在這件事情中會得到什麼收穫,以及下一步要做什麼。

●不斷回顧和更改待辦事務體系

在每天的工作開始之前,先想一想今天有什麼重要的待辦事務,再詢問自己這些待辦事物是從何而來:是因為在昨天的時間軸上添加了過多事務,逾越了能力的界限;還是因為昨天花費在扮演另一個角色上的時間過多,比如和朋友聚餐而耽誤了原有的工作,還是因為對工作不夠熟練、程序不夠優化⋯⋯想好答案,然後逐個擊破。

管理學大師彼得・杜拉克說過一句話:「這世界上有很多事情是不必做的,而且也無關緊要。如果你們的答案是『不做這些也沒有什麼影響』,你要毫不客氣地刪掉這些不必做的事情,學著說『不』,不管你是用很委婉的方式還是嚴詞以對,總之要說『不』。」

每天準時下班，
結果竟是被辭退⋯⋯

朋友Luna的公司是八小時工作制，上下班時間可自由選擇。她買的房子在遠郊，為了避開巔峰時間，她選擇在早上8:00 到12:00、13:00到17:00 上班。

住在遠郊的人最清楚17:00下班和17:30分下班的路況會有多大差距，她恨不得每天站在打卡機面前等著分鐘數字從「59」跳轉到「00」。

於是她成了單位裡下班時間最早的人。每天16:59，她總是一個人在整個辦公室的注視下拎著包包，突兀地走出辦公室。

她一直覺得這種做法沒有問題，她遵守所有的制度，不遲到、不早退，將手頭的任務在限定的時間內完成。

結果，年終總結的時候，主任強調「缺乏奉獻精神」、「有

些同事沒有積極地跟進項目,在其他同事加班的時候不顧大局」時,意味深長地看了Luna一眼。

過了一段時間,公司人員調動,她被主任調往另外一個與原本專業完全不符、發展空間比較受限的崗位,相當於「隱形辭退」。

換部門之後Luna一直不明所以,她學歷不輸人,能力更是不差,為什麼調走的是她?後來,同事私下跟她說:「主任辦公室就在走去電梯的必經之路上,妳每天幾點下班他都知道,早就對此有意見了!」

Luna最終還是無法接受新崗位,工作一段時間後就提出了離職。

我和一個互聯網大咖聊天時,他站在老闆的角度說道:這是「員工不了解行業的評估成效機制」。

有些行業自帶「隨時上班」的屬性:如果是工程師,上一秒還在婚宴上吃酒席,下一秒就不得不趕回公司救急;如果做自媒體,哪怕這一秒已經安然睡下,下一秒出了熱門新聞,也得強迫自己從睡夢中驚醒。

結果受很多因素的牽制,時間當然是其中很重要的一個。但經驗、閱歷、能力同時也影響著結果。

每個行業都有一種評估成效的機制，需要業績的崗位看業績，需要謹慎的崗位求謹慎。

試圖做一個能看懂老闆的人，不如試圖做一個能夠看清公司成效評估機制的人。

不能準時下班，是一個需要各方「問責」的問題。

職場上的「橡皮人理論」是通行的。一個人的精神太緊張，就會像繃緊的橡皮筋，容易出現問題。

曾看到一篇文章，討論的是「如果一個叫瑪麗的護士發錯了藥，後續應該怎麼做」。

有一個答案被視為最佳範本，它是這樣寫的：

首先問責單位部門——發現她負責的區域病人人數超標，而護士人手並沒有增加，即認為護理部人員調配失誤，造成工作量加大，勞累過度。

然後問責人力資源部心理諮詢機構——該護士的家裡最近有什麼問題？詢問得知，她的孩子才兩歲，上幼兒園不適應，整夜哭鬧，影響到瑪麗晚上休息。

最後問責製藥廠——他們把瑪麗發錯的藥放在一起進行對比，發現幾種常用藥的外觀、顏色相似，容易混淆。於是他們向

藥廠發函建議改變常用藥的外包裝或改變藥的形狀。

當然，瑪麗該承擔的那一部分責任也必不可免。

成效不盡如人意，最應該做的是協調各方的失誤，才能最終解決問題。

但有些單位的「不準時下班」，似乎和成效評估沒有任何關係，而是受到企業整體風氣的影響。

我發現一個很神奇的規律：往往讓員工瘋狂加班的單位，也是最不喜歡付加班費的單位。

他們極其熱中於談情懷、談理想、談未來、談願景，就是不談錢。他們精打細算地利用員工額外的時間，卻不願意為這些時間有所支出。當員工抱怨時，他們又極其聰明地掉轉矛頭——現在的年輕人和當年不能比，不夠有上進心，一點兒苦都吃不了。

他們懷念自己初入職場時兢兢業業、如履薄冰的狀態，「一朝媳婦熬成婆」，也同樣將提高業績寄望於靠新人的犧牲。

但90後、00後多是獨生子女，家境優渥者也不在少數。他們和他們的工作之間是一個雙向選擇的關係——不僅要混口飯吃，還要姿態漂亮。但姿態漂亮並不代表著上進心的缺失。

我有一個老同學，他們部門幾乎每晚加班至晚上9點，也因

此耽誤過同學之間的飯局。

「真正有實力的老員工都坐在我們後面加班,我們誰敢說不呢?」在新一代的年輕人眼裡,「面子」越來越被輕視。他們尊重並崇拜真正具備實力的人,而非像上一輩那樣將評判標準局限於地位和名氣。

在一個制度越來越完善的社會中,他們對於規則和公平的追求遠勝於前輩。也因為從小擁有諸多選擇,而習慣計算時間的成本──支出性價比。

按時上下班是本分,各種形式的「加班」都是額外支出。那麼,值不值得去加班,就要看這份工作、這次加班提供了什麼樣的額外回報:對工作本身的熱愛?拓寬行業眼界?學到傍身技能?

對於想要做大做強的企業來說,不去增加附加價值而指望著用「自我犧牲」精神來操縱一群投餵金錢都不奏效的人,也是太顧此失彼。

有一種認輸,其實是贏了

上學時,我參加過各式各樣的團體,考證、做主持、玩劇團、玩樂隊⋯⋯ 老師經常不看功勞看苦勞地送一些獲獎證書適時激勵,每一任領導對我評價時幾乎都不會漏了「綜合能力強」這一項,也總是被朋友誇獎多才多藝,成為別人口中「那個特別能折騰的女孩」。

就這樣,到了找工作的時候,簡歷花花綠綠,但上面真正能夠讓面試官進行深度詢問的項目卻寥寥無幾。

這種感覺,就好像我報了一個三天五十國的旅行團,在每個地方都只是和地標合影一張,但是當別人指著某張照片問我這是哪個地方時,我只能萬分茫然地搖搖頭。

有面試官非常客氣地說:「我非常欣賞妳的雜家氣質。妳為什麼想要做一個雜家?」

我巧舌如簧地談了一些沒邊際的話，但那一刻我真的在思考：我當初為什麼選擇做一個所謂的「雜」家，而不是「專」家？

　　思考的結果讓我悚然——是我的好勝心促使我不停地涉獵新的領域，是我的自卑心讓我不敢深挖已涉及的領域。

　　:）

　　不得不承認，我從小就是一個要強的孩子，當看到別人在某一方面很強的時候，冒出來的第一個想法不是他為什麼那麼強，而是我為什麼不能和他一樣強？

　　長大之後，這樣的好勝心也被我視作優點之一，因為它確實讓我對很多領域產生了好奇心，並願意不斷深入鑽研探索。

　　但那時候我突然意識到，**這種長久以來自以為是的充實，其實是一種好勝之下的自卑**，是無法坦然面對自己的劣勢。

　　怎麼理解這種「好勝的自卑」呢？

　　一方面，自卑心作祟讓我不願意面對「即便盡了全力仍會輸」的事實。

　　那時候我就好像一隻鹹魚，但是不願意自己用力翻身，害怕

翻過身之後大家指著我哈哈大笑，說我還是一隻鹹魚。

我不想讓別人看到我不夠優秀的樣子，所以就裝作每件事情都做了30%的努力，然後捧著60%的成果，對所有人叫囂自己有多聰明。

更可怕的是，自卑和好勝往往是共存的。越是自卑，外在的表現就越好勝。這種好勝心讓我忙於苦心經營自己的儀式感：我每天忙十件小事，睡前可以發一條朋友圈告訴自己「你今天過得很充實」，這樣就可以不必去面對那一件最棘手難解的大事。

我想和每個強大的人作比較，每當有人開始質疑我，說我在哪方面不行時，我就發瘋一樣地想要證明自己。

在自卑心和好勝心交加之下，我的行事邏輯變成──每一個議論我的失敗的人，我都用行為還擊。而這種愚蠢的還擊方式就是，在一件事上做30%的無效努力然後放棄。做完後，還得意揚揚地告訴別人：「你看，我用了30%的時間就做到了60%，只是我不願意再做，我做下去一定超出你的想像！」

:)

做雜家未必不好，因為有些人天性裡就有做雜家的天賦。但

不要讓好勝心與自卑心完全掌控了自我，而放棄了自己的核心競爭力。

如果你和曾經的我一樣，想在這件事上有所改變，你不妨考慮一下以下幾個小小建議：

●**不要害怕認輸，認輸其實是你的試錯過程**

捨不得認輸時，你可以告訴自己，沒有一個人可以做全方位的贏家，主動認輸是認清自我的必經之路，做減法更是為了能有更多的精力做加法。當你手上有個竹籃子時，就不要學別人去打水，而考慮去摘果子。

在該爭取時爭取，是人生壯舉；在該認輸時認輸，更是睿智之舉。

●**挑一件你現在做起來覺得輕鬆的事情，並一直堅持下去，無論遇到多大的困難**

在做完減法之後，你一定要找到一件事，將它調至人生的最高優先級。在其他事情上認輸，但在這件事上，你可以失敗，但不能停。

任何形式的堅持，只要你不停步，總會遭遇挫折和瓶頸期。

這時祈求沿途風調雨順亦無意義,不恥慢,不恥落後,但必須馳而不息。

　　現在有太多人在議論著如何做一個斜槓青年,「專一項而習之」被人無視。
　　可是沒有人誠實地告訴你,這個世界上可能根本不需要「雜家」。
　　那些被人尊敬的雜家,其實在很多方面是專家。

每一顆玻璃心的成長都有原因

×

　　我小時候是一個敏感的孩子,母親回憶說,她至今沒有看過哪個孩子能敏感得像我一樣!

　　不知道這是不是「吾兒獨善」的心態在作祟?但敏感這件事,在我身上,確實是3歲看老。

　　據母親說,我上幼兒園的時候,出遠門的爸爸寫信回家,她在枕邊唸了一遍信的內容,當時還是孩子的我一時間竟哭得無法自已。

　　上面尚且是聽聞,但從我有記憶開始,幾乎都在給童話故事「陪哭」。

　　有一篇安徒生童話,講一個母親歷盡千辛萬苦到天堂去找她死去的孩子,孩子變成了一朵枯死的花。還有一個白雲狗的故事,講落到地上的一朵白雲幻化成了小狗,最後回到了天上找牠

的母親。

　　長大後我再向母親複述這幾個故事時，母親說，她不能明白為什麼一個小孩子聽到關於離別、關愛的故事會有那麼大的反應。但是從那個時候她開始覺得——她的孩子，和別人不一樣——她是一個特別的孩子，高度敏感，容易發現藏在夾縫裡的世界。

　　選擇和分離、情感的寡淡是童年時我最恐懼的詞語。如何和敏感的性格和諧相處，成為我從那時起就被迫學習的功課。

　　:)

　　過度敏感的人常被人嘲笑「玻璃心」。其實，每一顆「玻璃心」的成長都有原因：

●我們常常因為太考慮別人的想法，而造成自身的痛苦
　　敏感的人很早就能從別人的言行舉止上感受出什麼樣是受歡迎的，什麼樣是不受歡迎的，並總結歸納出自己的成長方向，盡量地向理想化的方向靠攏。

　　她下意識地想掩蓋自己身上有缺陷的部位，展現出比較趨於

完美的自己，也時時體察到對方的喜怒哀樂，以在自身上改進。但其實很多時候，她可能都不是出問題的那個關鍵因素，或者別人根本未將她糾結的事放在心上。

這種時時歸罪於自己而產生的挫敗感會滋生出小心翼翼地迎合，時常使自己像端著花瓶走高蹺，連大氣都不敢出。

●作為敏感的人，我們在生活中反而是開心果，情緒往往容易被他人忽略

很多人以為敏感的人在生活中一定是擺出一副多愁善感林妹妹的模樣。

其實不然，敏感的人比別人更能感受到情緒的變化，但這並不代表他能夠完整地表達出來，甚至有時候這種敏感就是他無法表達的一種原因，所以我們會看到一些自卑的人在表面上表現得很自大，一些憂鬱的孩子在表面上表現得像一個開心果。

他們比別人更早識破自己的情緒，也更懂得如何隱藏自己的情緒。

:)

過度敏感是非常惱人的一件事，所以要學會自我排解。

很多人覺得性格是後天養成的，可是在我看來，性格中的一部分是先天的，而後天當然能起到一定的作用，甚至矯枉過正也是有可能的。

但我始終相信還有特別多的人和我處於同樣的情況，只是他們可能沒有得到更多的垂愛，而被家人朋友認為養成這樣的性格是理所當然。

在許多家長眼裡，孩子的心事都不值一提，用「小題大做」「太敏感」或「有心機」一言以蔽之。學會自我排解在這時候就顯得格外重要。

● **找到疏導內心情緒的特定途徑**

小的時候，母親會給我買各種的布娃娃，然後讓我給它們取名字組成一個小的世界。 我還記得它們的名字，有個叫「黛西」，有個叫「安娜」，都是那時候在迪士尼童話裡聽到的名字，我可以自由地跟它們進行交流，與它們分享生活，揣測它們的對話。

其實利用娃娃也是一個很好的疏導情緒的方法。很多編劇之所以放不下筆，就是因為那是他與人隔空交流的方式。

長大之後我開始識字，母親幫我找到了一個特別美麗的宣洩感情的途徑：讀詩和畫畫。先從帶圖片的小詩歌開始讀起，再背誦一些名篇作品。

母親曾經嘗試過許多方法，剛開始她希望用理性思維的薰陶洗刷我對事物的過度敏感。她帶我去科技館看各種模型機器人，瞭解自然的奧秘，企圖喚起我的理性思維。她買了很多科普類的書，從《十萬個為什麼》到《千萬個為什麼》，一套一套地砸錢買來，我卻放在角落任憑它們蒙灰。

性格不是可以硬掰來的，而是要找到合適的途徑，從熱愛的事情，慢慢地去改善。

閱而優則寫，漸漸地我也能寫出自己的作品，傾訴的通道帶來強烈的滿足感，就成為我擺脫敏感的最佳方式。

我經常覺得，自己提起筆的時候，會重回童年那個敏感纖弱的孩子，而當我放下筆的時候，就能瞬間回到槍林彈雨的世界裡，做保護自己的英雄。

後來我認識了很多朋友，他們都有這樣的感受，只是他們通往敏感世界的通路變成：音樂、舞蹈、射擊、打球、繪畫……

找一些具有表達性的活動，將其培養成能與自己相伴一生的朋友，就不至於在寂寂無人夜獨唱悲歌。

●主動尋求陪伴，感受到內心的穩定

我曾經是一個非常羞于向別人談起「陪伴」這兩個字的人，彷彿別人在我身上耗下的時間都是浪費。我去食堂吃飯煢煢子立，去教室上課獨自一人，去圖書館自習形單影隻。

那時，提及「陪伴」，我也總強調要「高質量的陪伴」。其實哪有什麼高質量的陪伴？陪伴的本身就是一件非常高質量的事。

付出等量的時間，就是一種良好的信任交換。找可以信任的人，偶爾約談，三兩成群。在用工作無法充滿的時間裡，在所有閒下來胡思亂想的日子裡，給朋友打一個電話，約伴而行，一同去看一場情感電影或是吃一頓佳餚，都能削弱因為敏感帶來的不安感。

前提是這個朋友一定要是你能信任的，互相之間的交流不存在猜忌。敏感的人對熟悉感和規則感有著天然的重視。

:)

除了自我的排解，如果你的朋友或家人是「玻璃心」，你也可以學著體諒他。

之前看到一個博主在她的博客上記錄女兒生活的點點滴滴。她的女兒小秧剛到美國上學時,語言不通,不敢一個人去洗手間。女兒的班主任每次都隨機安排另一個女孩陪小秧去洗手間,最後,班上所有的女孩都陪小秧去過洗手間。

這位博主聽了以後非常感動,覺得老師特別體貼,就特意去感謝老師。老師卻根本不以為意,說:「小秧就是這樣比較敏感的孩子,我小時候也這樣。等她完全熟悉了,她自然會放鬆下來。」

老師說得很對,小秧很快就不需要人陪伴她去洗手間了。

對待敏感的人,方式比熱心更重要。敏感的人會反覆試探安全感,正確的幫助方式是不要嫌他麻煩。

我算是個沒有「叛逆期」的孩子,人生最大的叛逆就是偶爾逃課,不巧半路撞見母親。母親先把我拎回家,平心靜氣地問我為什麼。「是不喜歡老師上的課,是有什麼更想做的事,還是僅僅是出於貪玩?」然後母女倆一起想一些兩全之策。

現在想想其實那個年齡的我並不是真正地想做什麼出格的事情,只是想用這種出格的叛逆引起家長的注意。母親反饋過來的尊重,完美回擊了我的叛逆。

很多事情父母都讓我自己做決定,沒有用強制的方法否定我

的思考,這反而讓我放下戒備。父母的開明,讓我一直在家裡受到「平等」和「尊重」的對待,所以我「不需要去叛逆」。

這種對安全感的試探,是「玻璃心」們的常態行為。小時候對父母,長大了對朋友、愛人。很多時候,「玻璃心」們也知道這是無意義的事,但他們就是需要反覆試探,來獲得別人的肯定。

真正的感情就像曾經聽過的故事:繼母和生母在搶奪孩子,繼母死抓著不放,而生母在孩子喊疼的那一刻選擇了放手。

這不是強制執行,而是想你所想,給予你平等、尊重。

就像前文裡的小秧,她需要的是一個陪伴上廁所的人,不是「你應該變得勇敢」的提示;要的是有人接納她的不完美,而不是用理想兒童的完美模式去約束她。

還記得王菲在大女兒一歲的時候,為她寫了一首歌曲《童》。

她對女兒說:「妳不能去學壞,但妳可以不太乖。」大概就是同理。

:)

如果你也是一個過度敏感的人,我有幾句話想要告訴你:

首先,我們要確定,過度敏感不是一個缺點,如果利用得

當，反而會成為難得的優點。敏感的人往往可以感知到一個與別人不同的世界。

其次，沒有任何一種人格是完美無缺的。文靜的人能夠充分地預估危險，卻在很多時候顯得過於小心翼翼。 活潑的人能夠充分地接觸外部世界，卻容易因隨波逐流難以潛心向學。

你的「玻璃心」不是你做任何事情的擋箭牌，也不是你妄自菲薄的理由。

都說這世界薄情，做個重情義的「玻璃心」頗為辛苦。

但願你也擁有鎧甲，在這個鋼筋水泥的城市森林裡活得快樂。

Chapter 4

輸贏未定，
你我皆是黑馬

不斷變化，
恰恰是最佳的穩定狀態

×

　　快畢業那年，我在醫院實習。不知道是不是因為潛意識裡將倦怠情緒全寫在臉上，有個老師問我：「既然妳很會寫東西，為什麼不去寫呢？」

　　我搪塞著說了很多理由，其中最重要的一條是「我需要穩定的生活給予我的安全感」。

　　其實那是我有生以來最恐慌的一年，我將自己困在一成不變的環境裡，以為這是保有安全感的良方，實質上卻越發缺乏安全感。多年「空想者」一般的生活讓我只習得了「寫作」這一門差強人意的傍身之技，生活好像將我置於一方深井之內，而我沒有做足準備，身邊只有一條垂蔓可以往上攀爬。

　　我把它稱為安逸區，因為我沒有其他更好的選擇。它會不會

是一條死胡同？它通向哪裡？我統統不知道。

很多人喜歡「拆了東牆補西牆」，精神上缺少了什麼，就試圖用形式化的生活來彌補。

那時的我聽到一種說法：當你做出一個選擇，平行世界裡就必然會出現做出另一個選擇的你。

這樣的話，平行世界裡就會有無數個我。其中一定有一個「我」，一直在聽從自己內心深處的聲音。

我突然對她心生好奇：她在做什麼？她滿意自己的人生嗎？她最終抵達了什麼地方？

我越想就越覺得心癢——既然有那樣的一個「我」存在，為什麼就不能是現在的這個我呢？

:）

前一段時間看了一部短片，短片一開始向到場的女生提出一個問題：對女生來說，擁有什麼才會有安全感？

有人說是看得見摸得著的生活，今天就能看到明天的樣子；有人說是一種能夠把握的感覺；有人說是「規則明確，賞罰分明」；有人說是生活的穩定，有愛自己的人和穩定的感情。

停止不開心

　　鏡頭一轉,說出這些話的她們放棄了喜歡的工作,為家庭焦頭爛額,做一份自己不喜歡的工作,維持著不合適的婚姻生活……所謂的安全感反倒給她們帶來無所適從的焦慮,就如同當年站在人生岔路口的我。

　　或許在另一個平行世界裡,她們做出了截然不同的選擇:放棄現在的生活,用力在生活裡製造另一種美好的可能。

　　:)

　　真正的安全感恰恰是時刻變動的,並且,從不恐懼變動。

　　我很喜歡臺灣作家吳淡如,她曾說過一句話:「我對自己的人生滿意並不是因為有名有利,而是因為我的生活都是自己的選擇。」

　　她名校畢業,寫書佳作頻出,後來轉戰電視媒體,之後淡出高齡產女,放任女兒就讀「森林小學」。

　　剛做媒體的時候,朋友曾開玩笑地對她說:「電視臺是缺製作費才讓妳去主持的吧?」那時候她已經算是大齡,在競爭激烈的臺灣娛樂圈裡並不具備一炮而紅的潛質,可她卻偏要爭這一口氣,最終將自己的節目質量提升到了同時段的收視率榜首。

她高齡產女，女兒出生時先天不足。閒人免不了評頭論足：「作家吳淡如那麼有名，她的孩子卻沒有超人智商。」她並不覺得有什麼，在認清女兒的資質普通後選擇了因材施教的方法，又以女兒之名開了一間民宿，近山近水，養心養智。

　　內心的安全感會戰勝任何時期的外界紛擾，讓人有勇氣接受生活給予的任何可能。

　　真正的安全感不是你在門口栽下一棵樹，然後每天祈雨，求得風平浪靜。這樣你可能會為每一朵飄過的烏雲黯然神傷，因為每一次過耳的風聲心驚膽戰。

　　真正的安全感，應該是你早已種下了很多棵樹，準備著摘果的梯子，也準備著榨汁、釀酒的機器。萬一哪一棵樹收成不好還有其他的樹，再不濟，那些小果還能榨汁釀酒，再度加工。

　　：)

　　有些穩定是經歷過大浪淘沙後的洗練，就好像吳淡如可以帶著孩子開一家遠離市區的民宿，然後輕描淡寫地說「這是我的選擇」。最怕的是，你所追求的穩定只流於形式，而不是內心真正的選擇。因為真正的穩定往往由自己從內到外打破，而不是等著

被人從外到內打破。

年齡越大越會覺得，人沒有必要時時刻刻與世界和解，偶爾也可以頂著一根反骨走下去。如果你害怕成為反骨、厭惡變化，才意味著真正拒絕了穩定。

你隨時暴露在「此路不通」的危險裡，並為「僅有此路」而提心吊膽。

改變之後，你會遇見一個未知的自己。你不需要依靠誰的臂膀，你可以自己動手製造避風塘，然後舒舒服服地躺進去，跟自己道一聲「Good night」。

通往沙漠的路上
站著想看大海的人

2011年，我帶著一份空白履歷和一疊話劇劇本去了廈門。

我大學讀的是醫學，專業成績不盡如人意，卻很喜歡寫作。閒暇時，我給一家影視公司寫劇本，只不過影視公司是不給創作者署名的，我們成為那些項目背後的影子。

曾經我一度夢想著自己能在作品上光明正大地署上名字，這種夢想狂熱到劇本中的角色甚至會半夜跳到我的夢中，情真意切地叮囑著我「莫忘了抓緊時間讓我們跟大家見面」。

但按照醫學院的規劃，我在畢業之後應該很快就會去一所醫院，然後從事一份我說不上喜歡也說不上討厭的職業。

正好當時廈門有一家劇團看中了我的原創劇本，我在心裡問自己：「要去嗎？」

我自問這個問題的時候,前所未有的認真,認真到我自己都忍不住想笑。 那是我人生最迷茫的時候,畢業在即,遠在天邊的夢想與唾手可得的麵包之間,我總要選一個。

　　我心裡有兩個小人兒,一個說:「我想去」;另一個說:「我同意」。

　　其實我心裡早已有了答案——

　　我像是一個奔著大海而去的人,卻在一個岔路口先去了沙漠。

　　沙漠的風景很美,可是我還是想要去看看心裡的大海。

　　就這樣,我壯著膽子離開了家鄉,腦袋裡比擬出一個踏上了征程的英雄,斷了回頭路。

　　:)

　　一切比我所預料的還要不順利。劇團派來接洽的導演姓伍,原來是學聲樂的,這是他獨立導演的第二部話劇,他的筆記本記得細細密密,卻總在關鍵的時候忘記演員的調度;已經定好點的燈光還沒到點就開始亂閃,導致進度不得不停滯;缺乏應對問題的魄力,演員在排練時插科打諢甚至遲到早退,他想說上幾句,

但話到嘴邊又默默吞下去。

因為經驗不足，一群演員在小伍的帶領下排練了多次，仍能搞錯上下場景。

加上顯然不是很了解劇本，小伍來找我談的時候，提起要求直截了當：「編劇老師，這個場景我做出來效果不太好，妳可不可以稍微改一改？」

我那時候也是個菜鳥，一心想著不要在別人面前露怯，心裡想的卻是：「你一個搞聲樂的為什麼來做導演？沒有這個金剛鑽為何來攬這瓷器活？」

可劇本還是要改的，我每天都在和自己的鬼打牆中度過。

在小伍的質疑下，我每天一邊寫著新章節，一面推翻自己昨天的作品，不止一次萌生出了「為什麼我要轉行」的想法。我無比沮喪地想著，或許我高估了自己的天分，或許自己根本不具璞玉之資。

最沮喪的時候，我看了島田洋七寫的《超級阿嬤的信》。書裡說：「如果不知道自己想要幹什麼，就先工作。只要工作，就可以得到米、醬油、朋友和信任。可以一邊工作，一邊尋找真正想幹的事，千萬不要遊手好閒。」

我給自己列了一張表，總結了自己可以參考的編劇網站，然

後把小伍提出的每一個問題做了記錄,決定改到他滿意為止。

既然踏出了這一步,就不能總想著回頭,否則多孬種啊!

就這樣,我每天很「菜鳥」地改劇本,小伍每天很「菜鳥」地排戲。時間久了,衝突多了,加上都在陌生的地方,舉目無親,我們倆反而成了聊得來的好友。

廈門的夏天,坐在宿舍外的臺階上,會有風聲過耳。一個學聲樂的導演和一個學醫的作者,聊起了自己的過往。

:)

小伍小時候一直夢想著要做個歌手。那時候的歌唱選秀節目,還不流行問「你的夢想是什麼」,也沒有導師轉椅子的環節。學生時代的小伍每年都要參加好幾場選秀節目,無一例外的都在上電視前一輪被刷掉。他在專業歌者中顯得資質平庸,也沒有長相和身高的加持,而他的家庭——一個閩東小縣城的普通家庭,能培養出一個學聲樂的孩子已經是很吃力,再也拿不出錢讓他去深造。

某一年過年回家,他發現自己已經到了要給小孩發紅包的年紀,口袋裡卻沒有多的錢。親戚都圍在家裡問他在做什麼,他一

臉侷促的說:「做音樂。」

「唱歌的啊?」親戚隨口問,「你上哪個頻道,也讓舅爺看看?」他張張嘴,想回答點什麼,可在自己腦海裡反覆翻找,卻連一個字也吐不出來。

那時,小伍有位做戲劇的朋友正好缺一個助手。因為小伍曾在學校排演過劇目,朋友希望他能過去幫忙,他就這樣陰錯陽差地做了導演,在電話裡向父母彙報:「我現在在導戲……」

父母鬆了一口氣,覺得兒子至少在大城市裡做上了一份有收入的、體面的、正經的工作。

沒能繼續最初的夢想有點遺憾,但小伍很賣力地扮演著一個合格導演的角色。有演員嗓子練得有些啞,他在排練完後去買羅漢果,還泡了一大壺帶到排練現場,讓大家都多喝一點,提前預防。他把每一場排練錄下來,晚上帶回宿舍裡重複看。筆記依然密密麻麻,但隨著排練次數的遞增,變得清晰而有重點。

「很羨慕你能一直追逐自己的夢想並且越來越接近成功,但是我也不差,我的夢想就是我現在在做的事情。」在那年廈門的海風裡,小伍拍著胸脯這樣告訴我。

他挺忙的,根本沒空理睬那些灰飛湮滅的舊夢。

:)

演出前一天,我們凌晨一點到達劇場。

一排破落的霓虹燈箱時亮時暗,劇場門口寫著「某某」會堂——這就是我們要演出的地方。

劇場特意叫了一個守夜人幫我們開了劇場門,我們摸著黑按開開關,場燈亮起,「唰」的一下,全場被燈光充滿。

那沉默的燈光和靜默的座椅,都是這個寂靜深夜裡的觀眾。

觀眾席的椅套有破的、有缺的,可這又有什麼關係呢?等天亮坐滿了人,不就看不到了嗎?

試麥克風的時候,小伍隨口哼了一句歌,聲音在空曠的劇場裡迴盪。我發覺他的歌聲真的比我想像中的還要好聽,突然覺得有些惋惜,這樣好的嗓子,居然沒有機會被更多人聽到。

我們的話劇如期在劇場上演,票務都是經驗豐富的老手,票自然沒有賣得太差,但也絕對沒有賣得太好。

但演出那天我站在台側,感受到了一種從來未曾有過的成就感——我望著舞臺,像站在高山上仰望腳下的每一塊土地,視野那樣清晰、內心那樣熱烈。我轉身看到小伍,他一個人蹲在台側,監督著謝幕時布幕的起落,認真得迷人。

我們都是一心想看大海的人，卻都一不小心走進了美麗的沙漠。我還想向著大海跑，於是將周身束縛放下，孤注一擲地換了新跑道；而他在沙漠裡扎根，漸漸和所有沙漠植物一樣長出巨大而綿長的根枝，去吸收更遠的養分。我們都做出了自己覺得當下最正確的選擇。

人生其實沒有下坡路，唯一會讓人滑下坡的，是你選擇停下來，任由自己接受命運的自由落體。

:）

現在我偶爾會得知小伍的近況，他已經成了副導演，跟著劇組在全國各地跑，合作的團隊裡不乏聲名遠播的圈中高手。

我也在努力靠近夢想，2016年出版了一本關於夢想的書。新書分享會上，剛畢業的學生問我：「我現在很迷茫，感覺自己離最初的夢想越來越遠，該怎麼辦？」

這個問題瞬間將我拉回了2011年在廈門吹海風的日子，那時候的我和小伍，都在離夢想很遠的地方，手上唯一能與生活抗衡的武器，是我們都在努力並相信未來會好起來。

《致青春》裡，陳孝正形容他的人生：「我的人生是一棟只

能建造一次的樓房，我必須讓它精確無比，不能有一絲差池。我太緊張，太害怕走錯了路。」

可是人生哪裡有絕對的精確，就算是規行矩步的人生，也有偶爾脫軌的時候。

不盡如人意的生活裡，「走錯路」再平常不過。如果把每個人的生活都寫成一本書，在故事的開始，每個人心裡都有著自己的大海；但故事的結尾，有人去了草原，有人去了沙漠，有人熄火在了去大海的路上。

想看大海的我，曾經形單影隻地站在沙漠裡。可是因為還想要去看大海，就決定繼續前行。

想要看大海的小伍，在路過沙漠的時候發現了沙漠的大漠孤煙，就決定停下來扎根。

我們做出了不同的選擇，很慶幸的是，我們都沒有停下自己的腳步。我沒有在沙漠裡故步自封，他也沒有在沙漠裡淺嘗輒止。

生活正在懲罰不喜歡改變的人

有一個朋友前段時間開始創業,在飯局上,他和我們聊到創業前後的生活差異:以前下班溜得比誰都快,現在恨不得一天24小時都在工作;以前是「早起困難戶」,現在不用上班打卡卻常常因為思考工作方向而徹夜難眠;以前每天叫醒自己的是鬧鐘,現在每天叫醒自己的是「再不起床就沒錢發工資」的責任感⋯⋯

但他說,這些都是小反差,創業前後最大的差異體現在手機上。

以前,他從來沒想過要主動去維繫人際關係,用電話和別人聯絡;現在,為了談合作,他從最基礎的話費升級到最高資費。

創業前,每次都能借助「身分」得到上好的資源,但自從開始創業之後,他發現自己能把握的資源實在是太過於匱乏,恨不得把所有的朋友以及朋友的朋友都拉進一個群組裡,每天都有讀

不完的訊息。

　　以前逢年過節還沒等他群發節日祝福訊息，就有一大堆人發來祝福語；現在，他自己動不動就群發節日訊息，才發現很多知道他自主創業的人都封鎖他了。

　　他跟我說，這個時候他才知道自己以前靠的都是虛名，卻也慶幸自己能早一點意識到改變的重要性。

　　如果再晚一些，可能還沒等他看清這個眼花繚亂的世界，就已經被遠遠地甩在了後面。

　　:)

　　我的實習單位在體制內，那裡的職位是大家羨慕的鐵飯碗。那時候我沒有很強烈的學習欲望，因為無論我做什麼，大家都拿一樣的工資，幹一樣的活。忙裡偷閒已經是盡到本分，何苦自找不痛快？

　　就這樣過完了一年，度過了幾乎可以說是完全重複的365天。到了真正選擇就業的時候，我面對一個更好的機會，可我開始意識到，自己已經完全不敢跨出去了。

　　並不是選擇恐懼症再次發作，而是我在心裡將自己掂量了一

遍又一遍,才發現自己並沒有足以應對改變的籌碼。

穩定的環境是看得見的外因,看不到的內因是從未思考過如何改變自己。 我的恐懼在於:我從來不關注自己手上握著什麼,只關心環境給我帶來了什麼。

別人都說:是你的優秀為你贏得了這個機會。可我心裡知道,他們口中的優秀指的是你曾經花費了很多很多努力站進一個穩定的環境裡,而作為當事人的我卻能清楚地看到自己在穩定的環境裡的止步不前。

我看著沙漠裡的海市蜃樓連聲叫好,卻連腳下的一磚一瓦都不想堆砌,自然沒有底氣保持處變不驚。

:)

在這個時代裡,你可以不放棄穩定,但一定別懶於改變。

與其說這個世界正在懲罰不喜歡改變的人,不如說這個世界正在獎賞所有願意改變、接受改變的人。當願意改變的人像潮水一樣向前湧去,站在原地不動的人就如同後退了。

但這種改變不是形式上硬要去破繭而出,毫無根基卻天天想著從一個領域跳轉到另一個領域;這種改變可以是在一個既定領

域持續挖掘根基之後,再向四周拓展。

有一部很紅的紀錄片《我在故宮修文物》,讓一群深居簡出的手藝人為大眾所熟知。我也有一個做木雕的忘年交老朋友,幾十年如一日地專注於手工藝研究。被媒體冠上「安穩」之名的他們,看似生活在最穩定的環境裡,其實是在一場一場的改變中錘煉出來的。

手藝人比外人更懂得,手裡握住的是吃飯的傢伙,握緊了才有生路。那要如何握緊?還得隨著時間推移將技術層層琢磨透了,新玩意兒和老玩意兒都顧好,錘煉出更多連徒弟也學不去的精髓。

在相對的穩定中,持續不斷改變,才是自己屹立潮頭而不倒的資本。有些人喜歡給生活「加量」,因為在現有的基礎上加量是最輕鬆的一件事情,你只需要把熟悉的步驟機械地重新做兩百遍就有充分的快感。

但生活不會因為你的快感而大步向前,往往你做得越多,越會像一個懦弱的逃兵,慢慢遠離質變,不再反問自己該如何扭轉。

生活正在懲罰不喜歡改變的人,但願你跑得比它快一步。

90後的中年危機

前段時間，一條新聞將當事人稱為「1988年生的中年女人」。那時候我滿心覺得可笑：難道現在的記者都不滿16歲，所以覺得30歲的人都早該作古了？

憤憤不平之際才聽說，國際上早就把1992年之前出生的人稱為「中年人」了！

掐指一算，最早的90後，都已經30歲了。

在中國，23歲到29歲這個階段，註定是在疲憊不堪裡加速成長的。

所有人都期待你在三年的跨度裡，完成人生的終極課業——就業、買房、結婚、生子……

還是二字開頭的年紀，但凡和年久失聯的親戚打了個照面，都得被攔下來審問一遍：「工作還穩定嗎？有對象了嗎？房子頭

停止不開心

期款存好了嗎?」

　　年輕的你,真的過得比筋疲力盡的中年人好嗎?

　　:)

　　我記得幾年前看蔣方舟的書,她一個1989年出生的女孩,提出了「泛90後」的概念,讓自己勉勉強強踩在90後的頭上。

　　這似乎暗示著90後曾經也是某個別人擠破頭想要進入與了解的新興群體。

　　記得我的文章剛開始見諸報端的時候,還會被歸到「青春花園」之類的欄目。才過了幾年,這些依然缺乏閱歷的淺薄文字,就將被歸到《中老年雜談》或是《廣場舞手冊》。

　　前一段時間和出版社編輯談新書的內容,對方語重心長地指導我:「妳要試著去了解現在的年輕人喜歡什麼。」

　　我一時間慌了:我到底是從什麼時候開始被排除在年輕人之外?

　　編輯說,現在的年輕人熱愛新鮮,對未知的世界感到好奇,在他們的眼裡,遠離家鄉甚至遠渡重洋不是漂泊,而是在探求更廣闊的世界。

這時我不得不承認，編輯口中說的那群年輕人，完全不像現在的我。

我好像失去了停下來的自由，不願意往前走，後面卻有一堆人像是警世恆言一樣地叮嚀：「再過幾年妳就30歲了，等到那時候還什麼都沒有，人生就垮掉一大半了。」

你回頭看了看人群，那些都是與你關係親密的人。理智告訴你，這群人不會害你，於是，你開始接納他們的擔憂，感到惶恐和急迫。

殘餘的20歲的野心和30歲的家庭壓力，一起加在了這一代人身上。他們承受著上一代人養兒防老的觀念，同時又接受著下一代人「消費主義」的影響。與此同時，既沒有上一代人甘於自我犧牲的理想覺悟，又沒有下一代人自由灑脫的衝動。

:）

《奇葩大會》上曾有一位選手，他在節目上回憶了自己這幾年的生活：

他想要健身，卻只去得起便宜的健身房。健身房裡常有並不健身而只是去那裡搓澡的大爺，沖澡間與運動區是相通的，大爺

的搓澡水不停地流到他腳下,他只能不停地避閃,每次去健身都要說服自己,此番去的不是「養雞場」。

接著他又說起自己窮遊的經歷,兩男兩女擠在一張床上,繼而發現「生活檢點在窮困潦倒面前屁都不是」。

同樣的情況交給父輩,他們會選擇不去健身房或是不去旅行。父輩在年輕時並未面臨如此激烈的競爭環境,如今上了年紀,往前走的步伐大可以放緩,自我發展顯得沒那麼重要。當柴米油鹽和自我發展起了衝突,生活可以放心地交給日常。

同樣的情況交給更年輕的人,他們會優先選擇自我發展。這些人還未被社會要求過物質條件,又目睹前一代人的發展,提早習慣了高要求的社會環境。

而我們恰巧是被擠壓在兩者之中的人。

有人在不斷地提醒我們要去爭取更好的生活,但與之對應的卻是顯而易見的**囊中羞澀**。

有高度的自我要求,可是都要靠精打細算來實現,就像去最低廉的健身房和開啟自己窮遊的旅途。

   :)

但這也沒什麼好恐懼的，這個世界在任何一個年代，都執著地苛求 20 多歲的人。

可喜的是，即便人人都在對生活抱怨，但我們在抱怨的同時也都還在努力著。

即便這個社會強求太多，我們除了企圖尋求自我完善和生活之間的平衡，也別無他法。

不如一場好夢過後，對著鏡子裡的自己說聲「難為你了」，然後氣定神閒地繼續對自己未竟的理想負責任。

不斷增加的存款，才是生活的底氣

最近，某名人的女兒因為染金髮上了熱搜。

每次爆出這樣的新聞，都有網友在評論中說：要是有經濟實力，我的孩子也愛染什麼頭髮就染什麼頭髮。

以前的我對此嗤之以鼻，覺得這兩件事沒有關係，前幾天跟一個老友的一番談話，改變了我的看法。

朋友是一個6歲女孩的母親，小女生正是愛美的時候，常常踮著腳偷拿她的口紅，或是偷偷套她的高跟鞋。看到電視上的小童星因為工作，小小年紀就燙了頭髮，羨慕得不得了，天天纏著媽媽要把頭髮燙鬈。

我說：「那就順了小姑娘的心願，讓她燙個頭髮不就得了！妳看那些明星、名人的女兒，還不是天天染燙頭髮？」

朋友苦笑，向我大倒苦水。

並不是她不想滿足女兒愛美的心意，只是自己作為普通的工薪階層，只能帶女兒去社區的理髮店、用市面上通用的成人燙髮劑燙髮，而這些化學藥劑對兒童細嫩的頭皮有多大傷害，無須多言。

況且，女兒在一所普通小學讀書，家裡為買下一套學區房已經竭盡全力。燙染頭髮違反校規，萬一女兒再因此被同學排擠，她也實在沒能力為女兒轉學。

朋友感慨，自己當年也算是視金錢如糞土，現在竟連女兒想燙頭髮也不能順其所願。

:）

金錢的能量不在於讓生活過得多好、多奢侈，而是讓你擁有更多選擇的權利，讓你在不小心把生活這棟大樓蓋歪的時候，還有力量將它扳回來。

公司之前新進一個男孩，人很努力，腦子也轉得很快。剛來公司的時候，領導都很看好他，加上他有一些編程的基礎，大家都希望他能繼續學習，在這塊領域好好發展。

可沒多久大家就發現，男孩對工作並不上心。後來一個偶然的機會，男孩被發現在接外包的單。

領導找男孩談話時方才知道，他家境一般，為了付得起不斷漲價的房租，只能去接那些對於技能的提升基本沒有促進作用的外包單。

領導只能帶著惋惜，將系統學習的機會交給和他同期的另一個年輕人。

是他沒有經濟頭腦，沒有創新思維嗎？不是的，他只是沒有選擇的權利。

當你被生活瑣事佔據了所有時間，為了保持平衡不敢輕易跨出一步，要花大量時間處理瑣碎的日常事務，有一點風險就會成了驚弓之鳥，你也就失去了發展的機會和空間。

金錢不能夠直接讓你變得更聰明、更有做事技巧，但它能給你大刀闊斧改進自己的機會，嘗試別人不曾走過的狹路。那些能夠保證100%成功的事，一般都是價值最低的，因為所有人都在搶著走。狹窄的路因為少人走，往往更容易成功。

經濟基礎的缺失會壓榨選擇的空間，使人失去審視自我，並逐步改善的機會，只能故步自封停在原地，為了一時飯碗，放棄了長遠規劃。

:)

那麼有了錢,生活就美滿了嗎?當然不是!

你還需要很多東西,比如生活理想,自由的生活空間,各種美好的感情⋯⋯

經濟基礎只是生活美好的必要不充分條件,你還需要在此基礎上填充各式各樣的東西,但我能很自信地說,沒有一定經濟基礎的生活一定不會特別美滿。

為什麼這麼說呢?因為金錢除了能帶來選擇的機會和增值的可能性,有時候還決定著最基本的生存條件。

我曾經在醫院實習,當時最無助的時刻,就是醫生為病人設計好治療方案,家屬聽完後去外面抽了一根菸,又向親戚朋友打了好些個電話,結果回來吞吞吐吐地告訴醫生:「能開點藥帶回去嗎?家裡實在籌不到錢了。」

所有視金錢如糞土的年輕人,最後都被生活虐哭了。你不知道餘下的人生有多少不確定的因素,有多少的因病致貧、因病致災。錢是面對未來不確定性因素的保障。

我知道現在刷卡很方便,我也知道最好趁著年輕時四處旅

行,才能留下最美好珍貴的回憶。

這些當然很好,可誰也不能抱著卡費帳單和美好回憶過一生。

人本身就是一件消耗品,隨著年齡的增長,要面對身體機能的退化和創造力的下降,現在不趁年輕積累經濟基礎,就好像小動物不在秋天儲存過冬糧食,結果還有一個很長的冬天要過⋯⋯

只顧著快樂,就是給餘下的人生增添負擔。存摺上不斷增加的存款,才是生活的底氣。

發現兔子在拼命奔跑，烏龜該怎麼辦？

前幾天，小表妹怒氣沖沖的來我家，原來她突然發現，身邊與她交好的朋友是香港戶籍，不必進行內地的高考。她氣得和閨密斷交，還發誓老死不相往來。

她一臉沮喪的問我：「姐姐，妳小時候遇過這種情況嗎？」

當然有呀！

小的時候，每次寫作業，總有幾個學習特別好的同學說「我都沒有寫」。然後我就真的聽信了他們的話，還胸有成竹地對我媽說：「妳看，人家都沒有寫作業。」

每次考完試，這幾個人一出考場准說自己考砸了，結果出來的成績比誰都好，氣得我差點要原地爆炸。

曾經看到過一段話，大意是：別人會在你看不到的地方暗自

努力,在你看得到的地方,他們也和你一樣顯得吊兒郎當,和你一樣會抱怨,而只有你自己相信這些都是真的,最後也只有你自己繼續不思進取。

:)

發現兔子在拼命奔跑,烏龜該怎麼辦?

三毛的一句話被我視為答案:「大悲,而後生存,勝於不死不活地跟那些小哀小愁日日討價還價。」

當擊打對方需要耗費更大的代價,你不如不把自己耗死在這些本不如人的悲傷裡,努力將自己變得強大。

我曾經也是一看雞湯就會流鼻血的人,自視甚高卻生性懶散。剛開始做自媒體的時候,閱讀量持續低迷。別人來指點我,我卻憤憤不平地回應:

「因為你們公司更大,後臺硬,資源廣啊!」

「因為你們捨得投錢去做推廣啊!」

對方一臉愕然地攤手說,他也是從零開始做的。

我只好拿出我的殺手鐧:「可是你做得早,正好趕上了紅利期啊!」一句話堵得對方啞口無言。

我承認，那時候的我是極其喜歡與「不公平」討價還價的人。總覺得自己的失敗，是因為別人的成功。當我搬出時間找藉口，就好像為所有的失敗找好了理由。

可是我漸漸發現這挺孬的，藉口並沒有讓我釋懷，反而讓我更加厭惡自己。事實上，我們從來不會恨別人太努力，而是會討厭自己的不努力。

我們總在自我幻想裡描摹著對方和自己一樣不努力之後和自己一樣失敗的樣子，一旦這個幻想破滅，我們內心的平衡感就會被全部打破。

但事實上，就算沒有他人的襯托，我們也依然會獲得同樣的失敗。

我們在內心裡給自己定下了罪，卻在嘴上為自己辯駁。你把矛頭對準了別人，其實是對向了自己。

沒有一個法律規定，相同程度的努力會換來相同的結果。假使有一天法律能夠做到絕對的公平，誰知道老天爺會不會給某個人多出一丁點兒好運。

這個世界沒有絕對的公平可言，別人唾手可得的東西，可能對於自己來說卻難於登天。我們唯有承認「我已經做足了我的全部」，才能安於本心。

:）

前段時間,有一則寓言很火。講的是砍柴人和放羊人一起聊天,結果,放羊人的羊照樣能自己吃飽,而砍柴人只顧聊天,耽誤了一天的工作。

聊天的這段時間,對於放羊人來說,是有效的,而對於砍柴人來說,卻是無效的。我們原以為自己是個放羊的,到頭來才發現自己是砍柴的那一個。

別人假裝很輕鬆,可是你不知道他們的背後是有背景、有付出,抑或有天賦?你唯一能確定的是自己有什麼。

當然,如果你也有背景、有付出、有天賦,那一切自不必說,但很遺憾的是,大部分的人都不過是沒有背景、沒有付出、無天賦的「三無」選手啊!

你不能因為誤過砍柴的時間,就怪放羊之人前沒告訴你,他早已經做好了他的事情。

無論別人是不是在放羊,你都要知道自己是砍柴的!況且,砍柴的人要砍柴,放羊的人也有他該完成的事。砍柴的人總覺得放羊的人比較輕鬆,但其實你未注意到,他時刻盯梢,輕易不敢

離開羊群,生怕走丟了幾隻。

　　無論赤手空拳創業還是艱難守業,都只不過是這山望著那山高。

　　有背景、肯付出、有天賦的兔子還在奔跑,與其指望著它們忽感困乏後在樹下睡一覺,倒不如穩穩地爬贏其他烏龜,搞不好這時候就有幾隻睡著的兔子被你贏過去了。

Chapter 5

我曾經也想
為你奮不顧身

停止不開心

我要的是伴侶，不是老師

✗

去年12月份，南方氣溫大降，一下子跌了十幾度。降溫第二天，塔塔噘著嘴向我們控訴男友的「罪行」。

剛降溫那天，塔塔和男朋友去遊樂場，走著玩著，氣氛上來了，塔塔想撒個嬌讓男朋友給她買冰淇淋，但男友就是不給她買。塔塔開玩笑地回嘴，男友有些生氣：「別這麼任性！我是為妳好。」

塔塔覺得委屈：「我想吃個冰淇淋怎麼了？我是想吃冰淇淋，又不是吃炸彈！」

我真的很想勸解幾句，但也確實如鯁在喉。塔塔的男友沒錯，可好像離女孩想要的感覺還差了那麼一點點。

我想，塔塔也絕對明白，男友是打從心裡心疼她，沒多久兩人就會重新如膠似漆。只是本來可以處理得極好的事，一場本來

十分歡喜的約會，何必因為一句話而鬧得不歡而散呢？

：）

我有個閨密，單位有個規定，只要遲到了，不管是一秒鐘還是一小時，都要請假一個上午。

有一天，她在家門口的車站等公車等了40幾分鐘，眼見就算搭上公車也鐵定要請假，於是瀟灑地轉身回家睡了個回籠覺，上午11點多才帶著惺忪的睡眼起床，一邊慢悠悠地走到車站，一邊給男友打電話。

原想向男友控訴一下公司不合理的制度，沒想到卻成了她的批鬥大會。

「怎麼有妳這種女孩子，上個班也不好好上，哪一個上司會喜歡員工遲到？遲到就算了，妳知道會遲到還不趕緊去公司，這到底是什麼想法？心態太不積極了！」

原打算找男朋友同仇敵愾的她，氣得立刻掛了電話，一整個下午工作心思全無，**鬱鬱寡歡**。

：）

我的朋友圈裡曾經長期活躍著一個女孩。即將工作的時候，男友對她說：「妳馬上就要工作了，怎麼還在玩朋友圈？顯得太不穩重了！」

女孩覺得有理，從此清空社群軟體，除了轉載一些自認為深奧的內容，幾乎不再使用。

時間一長，女孩開始覺得日子越過越乏味，又忍不住發了幾條生活動態。

男友見了不由分說地開始教育她：「妳知道外面有多亂，社會多複雜，人心多叵測，妳這種行為多可怕。點讚和評論這種東西，不過是滿足了妳的虛榮心！」

剛聽到這話時，女孩心裡是有些許被關心的甜蜜，但轉瞬而來的卻是另一種想法：我只是想記錄一下我的生活，分享一些我的快樂，為什麼要用別人的眼光裁定我呢？

:)

如果說女人遭遇愛情會放下身段無條件地付出，那男人遭遇愛情時就容易變得佔有欲爆棚，希望女孩的感性見解可以屈服於他的理性思維。

太過於理智的思維模式,再加上不帶轉彎直截了當的溝通方式,會引發矛盾,產生隔閡。

也有人說,女孩做出不理智的行為,其實潛意識裡就是在尋求他人的勸阻。

如果真是這種情況,這種時候「勸阻」這一行為,表達關心就足夠了,不需要擺道理。

如果你的女朋友告訴你,她生病了,想吃冰淇淋,說完「不行,還是多喝點水」就夠了,不用再博學多識地告訴她冰淇淋含有多少糖分、熱量,吃了對她有多少壞處,最後再補一句「妳怎麼這麼不懂事」。

我之前做過一個調查,問女孩們:「妳在什麼時候最有被愛的感覺?」

結果收到了一個很值得玩味的答案——「我覺得他為了我而不理智的時候最愛我!」

雖然答案中充滿了女性化思維,卻也不無道理。

如果每個人在戀愛的狀態下,都和處理工作一樣理智,是從哪裡虛構出滿屏嗜愛如癡的癡男怨女呢?

如果做個針對女生的「最討厭另一半說的十句話」的調查,我相信「你能不能成熟一點」一定榜上有名⋯⋯

:)

　　拜託啊,我已經對著這個世界成熟了很久,只是在你沒看到的地方罷了!

　　我深愛的人啊,你要明白,這世界上這麼多道理,就算你不說,也總有別人義正辭嚴地講給我聽。而相愛這件事,唯獨你可以做呀!

　　你完全可以既有理性的思維,又能選擇一種不那麼冷冰冰的表達方式,達到異曲同工的效果。我們是需要理性的思維,但不需要理性的表達。

　　比起你的「用心教學」,我更希望你重視我的想法,哪怕它在某些時候顯得不那麼正確。

打敗愛情的，
是我們的想像力

×

　　大學畢業前的那幾個月，我們都在忙著準備畢業考試。

　　醫學院裡，挑燈夜戰學習本是常態。凌晨時分，卻聽到隔壁宿舍的女孩在陽臺上頂著瑟瑟冷風，忙著和男朋友電話分手。

　　「⋯⋯我知道，你說的那些我都知道，可是你有沒有想過以後？」

　　她抽了下鼻子，啜泣聲越來越重，開始細數未來可能發生的種種變數。

　　「你打算去天津讀研究生，可我老家在江西，等畢業找工作的時候，我肯定要優先考慮離家近的地方，到時候怎麼辦呢？」

　　「我從來沒去過北方，一天兩天還勉強可以，時間長了肯定待不住。你是獨生子，你媽媽肯定想要你回去。」

「你現在是想著過幾年回來,可是到時候你工作穩定了,肯定就不想回來了。」

「我媽媽已經給我安排了工作,天津的工作機會不一定會比江西好啊⋯⋯」

對方大概說了些挽留的話,女孩沉默地聽著,像是受了莫大的委屈,「哇」的一聲哭了出來。

「可我也捨不得啊!」

既然捨不得,何必為難自己?

一時恍惚,我想到蘇北。

蘇北是我高中的學姐,她的男朋友陳原在隔壁班。他們在中國的校園結識,高考過後,一個去了美國,一個去了澳大利亞。

那時候微博剛剛盛行,他們每天發著微博互相提起對方,在微博上互訴衷腸,愛得如膠似漆。南北半球的艱難相愛,看起來卻美好得令人幾欲掉淚。

他們約定畢業後回國工作,林原卻因為一份不錯的工作,執意要留在澳大利亞。

蘇北回國後,所有朋友都覺得可惜:學生時代青梅竹馬的愛情,沒能從校服換成婚紗,真是太遺憾了!雖然大家表面上不說,卻都在心裡覺得,這樣分隔兩地,需要頻繁飛行才能見面的

的愛情太不靠譜，分手只是時間問題。

蘇北卻秉承她一貫的作風，對這份愛情充滿自信：「你們都說我們沒有未來，可是我認為未來有無限可能啊！」

:）

即使後來微博不那麼盛行，我的微博首頁依然能刷出他們相愛的證明。

蘇北常常轉發一些溫暖的小漫畫，然後「@」陳原，兩個人在留言裡情不自禁地卿卿我我，彼此間的愛意仍像幾年前一樣滿得溢出來。

後來和蘇北偶有聯繫，每次通話聊起陳原，我總擔心她會說出「我們已經分手了」，還好，蘇北每次都甜甜地回應我「我們還在一起啊」。

我不知道這種兩個人分別在北半球和南半球，一年一見的日子算不算「在一起」，但還是很開心能看到他們非常認真純粹地相愛著。

蘇北的家庭是普通工薪階層，沒能力負擔她巨額的移民費用，於是她只能專注於準備澳大利亞技術移民。她大學的專業是

會計，這個專業對技術移民的要求非常高。在無數個深夜裡，蘇北一邊備考，一邊發著朋友圈，才發不久，就能看到陳原逆著時差的安慰。

陳原總是說：「我們一起努力，總有一天能到達同一個地方。」

天南地北，一句溫暖的語言似乎就能聊以安慰。

兩三年後的某天，我在蘇北的朋友圈裡看到她和陳原的自拍，背景是中文招牌的小店和典型的黃種人面孔。

我問蘇北：「陳原回國了嗎？這回待多久？」

蘇北笑笑說：「他回來就不走啦！」

後來才知道，陳原在工作兩年後得到單位外派的機會，他也把握住機會，直接調職到中國的分公司。

:)

在愛情裡，我們旺盛的想像力似乎總能找到合適生長的土壤。矛盾越來越凸顯，他身邊的漂亮女孩層出不窮，他的呵護越來越少，所以我們總是想像著對方經受不住誘惑。

「異地戀」似乎越來越普遍，我們越來越習慣不固守一個地

方生活，卻希望愛情在同一個地方生根發芽，總怕「橘生淮南則為橘，生於淮北則為枳」。

隨著社會發展，我們開始能聽到更多的聲音，他們在耳畔議論著、激辯著，評說著你的愛情的好與壞。有人隨口說「分開吧，你們不合適」，於是你就乖乖地聽了。

諸如此類的想像，你有過嗎？

借他人之名毀掉本就不牢固的愛情根基，這本就傻得冒泡。但若本來深愛，就不要再找什麼藉口，去提前封殺愛情。因為「想像」而結束的愛情，多得不計其數。

所有的「但是」、「應該」、「可能」，明明都還沒有發生啊！何必因為可能發生但尚未發生的磨難，去否定苦心經營而來的愛情，因為內心缺乏安全感提前宣佈愛情的夭折。

把生活中缺乏的想像都用在愛情上，試圖打敗自己的愛情，是多麼不明智啊！

你還年紀輕輕，不是行將就木，時不我待，並不囿於年齡之限，好歹試一試才知究竟。

當然，年輕的愛情充滿不穩定性，不好的可能性更容易發生。可是，正因為年輕，才有更多峰迴路轉的機會，兩個人朝同

一個方向努力，修成正果也並非不可能。

就拿異地戀來說，他讀研之後，可以想盡辦法來到你的城市來工作，你也可以在積攢了一定的工作經驗之後跳槽到他的城市，這世界上有什麼東西是不可以捨棄的嗎？除非是你們之間的愛情尚不值得這份捨棄。

有句廣泛流傳的話說「大學的愛情只能愛到畢業」。畢業季也是分手季，畢業了，一切都在如火如荼展開，甚至有很多人都還沒有開始真正地面對愛情的難題，就考慮著未來可能發生的種種不幸，尋找原因要分開，這才是真正的大不幸。

蘇北和陳原這個月就要結婚了，婚禮上大概會有新娘在美國的朋友和新郎在澳大利亞的兄弟。這才是異地戀的正確打開方式，那些山東混山西，湖南混湖北，隔個山隔個湖的，快收起你們的想像力，給我乖乖地在一起！

寧願離婚也要嫁一次

丹甯是我在劇團時的同事,29歲的她已經被列入催婚的隊伍。

她母親看著身邊的人都開始抱孫子,急得像熱鍋上的螞蟻,於是就背著丹甯開始在相親市場進行廣泛性捕撈,想讓女兒馬上能領回來一個。

本來丹甯就對相親這件事不太情願,正好她的閨密趕在年前離婚,她乾脆和母親撕破臉。

丹甯談起這件事情就忍不住感慨:「妳每天讓我放低標準找一個人,找一個人湊合很容易?如果像這樣最後還是離婚,那我寧願不婚。」

她母親正在廚房裡剁排骨,聲音伴著剁肉聲一字一字地傳出來:「妳怎麼就不明白呢?我寧願妳離婚,也不願意妳一次都沒

停止不開心

有嫁出去過!」

：）

妳讀了一個還算不錯的大學,找到了一份過得去的工作;妳文能縱情風花雪月,武能通宵趕項目進度,但妳30歲單身,在妳媽媽眼裡就比不上一個婚姻不幸福的女人。

前段時間看《非誠勿擾》,上來一個男嘉賓,各種條件都很不錯,相貌談吐俱佳,有車有房有事業,就是年齡稍長了一點。他談到現在的年齡,相親的時候都不敢對女方說自己是未婚,寧可說自己是離過婚的。

主持人問台下女嘉賓的意見,假如有一個大齡優質男士擺在面前,一個是離過婚的,一個沒結婚的,妳會下意識地選哪一個?

結果,女嘉賓幾乎都選擇離婚的,因為擔心「這麼大年紀沒有結過婚會有什麼問題」。

有人擔心他是不是有某種生理或心理的缺陷,有人害怕他曾有過一段刻骨銘心無法忘卻的感情,還有人懷疑他內心是不是抗拒婚姻。

都說婚姻對於女性比之於男性更為嚴苛，我不願意把「我寧願妳離婚也至少要嫁出去一次」看成母親對女兒的貶低，我更認同那是過來人的「護犢」。

但就算是動物，農耕年代的護犢，到了工業社會未必可行。

25、26 歲的女孩，身邊即使沒有個蜂飛蝶舞，也缺不了一兩個追求者，我見過許多人匆匆跨入婚姻僅僅源於——「因為他對我好」。

可婚姻維繫不能僅僅是「對我好」三個字。曾經看過一個理論：女人總在誇另一半優點的時候，會習慣提及「對我好」或是「他很喜歡我」。可是，「對你好」只能證明你有足夠多的優點吸引到他，這是證明了你的魅力，而不是他的優點。

所謂對方的優點，應該是他身上有足以吸引你的特質，而不是對你好。

:)

就像三毛選擇荷西時曾經說過的一段話，大意是「我們結合的最初，不過是希望結伴同行，雙方對彼此都沒有過分的要求和佔領。我選荷西，並不是為了安全感，更不是為了怕單身一輩

子,而是因為這兩件事於我個人,都算不得太嚴重」。

　　我有足夠的自信能自我陪伴,不需要因為害怕孤獨而四處尋人飼養。我做好了萬全準備隨時抓住對的人。如果暫時不幸運,沒有出現一個讓我預見到未來美好的人,不是我選擇了單身,而是單身選擇了我。

　　如果終點都是不幸福,那途中是一帆風順,還是蜿蜒曲折,又有什麼差別呢?

喜歡左先生的人，
這輩子都不會嫁給右先生

你們聽說過左先生和右先生的故事嗎？

之前在朋友圈裡看到一組被瘋狂轉發的長圖，圖片講的是兩名男子——左先生和右先生——在不同場合是如何對待愛情的。

你加班時，左先生會說：「辛苦了，再忙也要記得吃東西。」右先生會說：「給你叫了外賣，抽空吃。」

你出差時，左先生會說：「一個人在外，要好好照顧自己。」右先生會說：「航班號和酒店地址我記下了，打車前把車牌號碼發給我。」

找工作碰壁時，左先生會說：「加油！相信自己下一次一定行！」右先生會說：「簡歷發來瞧瞧⋯⋯對了，最近我在網路上看到某某集團在校招，要不要試試？」

於是女孩們開始假想要做出一個艱難的選擇：是要選擇左先生還是右先生呢？

有人開始迫不及待地下定論：左先生適合做情人，右先生適合當丈夫。或者是：你可以和左先生談戀愛，但一定要嫁給右先生。我實在是不能理解這種總要把「相處得愉快的人」和「最後嫁的人」強行分開的想法。

對於左先生、右先生的選擇哪有那麼想當然！你以為每天吃慣了大魚大肉的，能那麼容易習慣清粥小菜的健康生活？

你以為每天規規矩矩燙平領子、繫好盤釦才能出門的，哪天牙齒一咬就能把旗袍開衩到腰上？

路都是自己一腳一腳踩出來的，人們所說的「性格決定命運」並不是沒有道理。

「玩夠了就找個老實人嫁！」可你不知道，吃這套的人可能這輩子就是吃這套。

一個親戚家的小阿姨年輕的時候據說好看得不行，是眾多「小開」的夢中情人。

她會跳舞，一身溫香軟玉，會貼假睫毛，墊那時候時興的高聳肩墊。瑜伽剛剛在中國流行起來的時候，中央電視臺每天早晚會放一段30分鐘的瑜伽短片，小阿姨就買來錄像機，把它拍下來

來弄成又厚又寬的錄像帶。

就這件事,在我們這個不大的小城裡被鄰里街坊口口相傳,讓她變成90年代的頭號潮人。

她年近30那年,終於心不甘情不願地在家人的勸說下,嫁給了一位標準的右先生。

右先生人很好,在公職單位工作,每天小日子過得有滋有味,對妻子倍加呵護。

可是,這個枕邊的男人更關心她的衣食住行,解決所有現實的問題,她收穫不到甜言蜜語,連偶爾的撒嬌都被嗤之以鼻。

小阿姨原以為自己總有一天會長成踏實穩重的右小姐,可她原來是那麼喜歡聽甜言蜜語,就算老了,也是一個喜歡聽甜言蜜語的老太婆啊!

心裡喜歡左先生的人,就算最後嫁給右先生也不會感覺幸福。

對於喜歡的人,他還沒拿出套路,你早就被吃定了,迫不及待地繳械投降,誰還顧得上用腦子能分出個左右來?把男人分成左先生和右先生,分成一種紳士雅致、有趣健談卻如同無腳鳥一般無法落定的男人,和一種毫無情趣、呆若木雞卻能夠穩重踏實地經營生活的男人。

跟在第一種男人背後接盤，老實人招你惹你了？

有趣的人都能把自己的日子伺弄得那麼好看，怎麼就不能安安心心過日子了？

情感沒有是非黑白，只有源於內心的一票否決。被這種毫無意義的標籤化影響到的擇偶觀，本身才是最不穩定的。

就像在很多男生心裡，也將女人分成涇渭分明的左女人和右女人。左女人每日醉生夢死，是最佳情人；右女人從不放浪形骸，是賢妻良母。

一旦做了這個設定，世界上便沒有了既風情可愛又投入生活的好女孩，全變成了沒毛的小兔子和抓不住的野狐狸。

但凡遇到一個人，有些人總先在心中驗算完一遍又一遍，以割裂他和另外一類同性的關係，所以總能聽到一些這樣的定論：

「他身上有刺青，肯定很混。」

「你看他長得這個實誠的樣子，那孩子八成不是他的。」

「她每天在朋友圈裡曬健身，就是想吸引別人注意。」

「你看她旅遊都不帶老公孩子，結了婚還一個人在外面亂跑，一定是婚姻出了什麼問題。」

……

有些人享受著這種洞悉規則的快感，卻恰恰最不瞭解自己。

　　如果說左先生和右先生理論的存在還有什麼意義的話，那麼，我覺得它更像是一個「自查表」。

　　所有靠「左」一些的男女都能夠多往「右」走一點，表現得更具安全感。

　　所有不喜動的、站在「右」邊的男女多往中間攏一攏，活得更豐盛、主動。

　　這倒不是因為他們現在站立的位置有什麼不好，只是每一個人的成長都具備不確定性，就像要在一個方格裡畫一個正圓，永遠也佔不滿全部，只有去包容更新的領域，才有機會觀察到更好的自己。

停止不開心

沒嫁給愛情的女人
也過得很幸福

武漢有一位媽媽在社群發文,她說她的孩子已經7歲了,正是愛跑跑跳跳的年齡。她想讓孩子穿好一點的鞋子,存錢給孩子買了雙Nike,但是老公心疼錢,認為孩子正值成長期,腳長得快,買了穿不久,不用買太好,兩人因此吵得不可開交。

看著這篇貼文,突然想起時下很流行的一句話——原以為自己嫁給了愛情,到頭來卻敗給了進口奶粉和請不起的月嫂。

前幾天和閨密聊起,那些不是嫁給愛情的人,似乎比較幸福。讀書的時候,我們有一個共同朋友,家裡算是小康水平,畢業後上班遠,父母二話不說就買了一台豪華代步車給她。

她原本有個交往兩年的男朋友,到了談論婚嫁的地步卻因為聘金問題發生了矛盾。男方撒嬌一樣地哄她:「我沒想到妳家會

要聘金,妳也知道我沒存什麼錢,我們已經都走到這一步了,直接結婚不行嗎?」

我們都以為這對於家境不錯的朋友來說,只是眨眨眼就能過去的小事,沒想到兩人就此分開。

我們都替朋友惋惜,倒是她道出實情:「我真正決定離開的原因並不是這筆聘金,而是他從沒想過要給,對未來的生活沒有絲毫準備,這才是最可怕的!」

後來朋友結識了新男友,男方經濟也不算突出,但求婚前就已經挑選好樓房,預備了頭期款付金,準備好聘金。婚後女方把聘金存下來做家庭基金,兩個人一起還房貸,未來可期。

:)

一個人清貧,能照常過日子,但兩個人一起清貧的話,就會互生厭惡。

不嫁給愛情,並不是讓你完全走向愛情的反面,而是想告訴你:你是賺1000元的人,遇到了那個有10元卻能在你身上花9元的人,你覺得很感動,忍不住下一秒就以身相許。可是你完全可以再等一等,等找到一個賺1000元卻能在你身上花900元的人。

他們的愛是對等的，但基數是不同的。

　　有人說，女生們寧願坐在跑車裡哭也不願意坐在自行車上笑，這個非黑即白的對比太莫名其妙了！現實是，有些人不僅騎輛破自行車，還天天讓女生哭。

　　我有一次在自家樓下的小餐館看到一對年輕的夫妻，女人穿得不算光鮮，但至少整齊乾淨；男人穿著皺巴巴的上衣，領子捲成一團。

　　兩人點的是店裡的平價小菜，才剛坐定，男人就開始不停地抱怨：「叫妳早點起來做飯，妳偏要賴床，搞得現在要跑到外面吃，吃這一頓下來不知要多少錢！妳這麼有錢啊？」

　　他越說越憤怒，嗓門也越來越大，同桌的女人低著頭一聲不吭，好像自己真的做錯了什麼，扒著飯一口一口往嘴裡送，看不出來她此刻有沒有後悔當初的決定。

　　:)

　　要玫瑰還是麵包，本來就不是一道單選題。

　　你值得託付的那個人，一定是在手拿玫瑰的同時，也努力準備著麵包。

好的愛情,既需要玫瑰又需要麵包,甚至麵包還比玫瑰重要一點點。沒有玫瑰,你還能拎著麵包尋找花園;但沒有麵包,你可能就要手拿玫瑰餓死在黎明之前,還有可能在饑餓之際狠心將玫瑰全換成麵包。

　　與其在一晌貪歡後,任由物質的缺乏一天一天地消磨著情感,不如在決定嫁給愛情之前,騰出更多時間來觀察對方的上進心、看他為未來規劃的能力、確認他的資產來源,以及是否有長線發展的能力。

　　一個對自己「有要求、有底線」的人,愛情和生活的試卷通常都不會答得太差。

停止不開心

成熟女生選擇對象的要點

×

前幾天,朋友和我討論起一個問題:「嫁給愛情是很好,但不是所有人都有這樣的運氣。如果我們不能完全嫁給愛情,我們應該嫁給什麼?」

假如我現在只有16歲,我想我會毫不猶豫地回答他,他要有180公分的身高、一副好皮囊、一個有趣的靈魂⋯⋯

16歲嘛,怕什麼!只需要一個人在我耳邊吹吹風、搔搔癢就好了。就好像16歲的郭襄第一次遇到楊過,三支金針、一場煙花就足以夠收買怦怦亂跳的少女心。

但如今,早已過了耳聽愛情的年紀,更見慣了煙花過後的深深嘆息。所以我想聊聊,成熟的女生選擇對象應該考慮哪幾點:

●他是一個什麼樣的人

我認識一個女生，90後，婚齡一年，八月份剛辦完離婚手續。

離婚的理由是男方在妻子孕期去外地密會前女友，次數令人咋舌。但就算這樣，男方也沒有絲毫內疚的意思，離婚時想方設法地轉移共同財產，女生帶過去的金銀細軟，也被以各種理由留在婆家。

女生這才知道，男方早在結婚前就將離婚後的種種進行了計算，確保自己的利益最大化。

直到離婚後，女生才將這些事開誠佈公地告訴我們。大家聽了無不詫異，問她當初為什麼會和這樣一個男人一起戀愛「小長跑」了四年。

她說：「我怎麼可能想到他會和前女友在一起？他和我在一起的時候，把前女友描述成一個始亂終棄的女人，甚至為了和我在一起，還打了他前女友一耳光。那時候他在單位裡和同事關係不好，但對我格外關照，每天都會記得給我帶早餐，生理期還會記得給我送紅糖水。」

女孩子小時候或多或少都做過這樣的夢，有一個男人寧負天下人千萬次，撇下江山鴻圖，也從不負你。

但江山易改，本性難移，當生活以摧枯拉朽之勢磨損完愛

情,你還有什麼可傍身?

在被愛情沖昏頭的時候,很多女孩都不太關注另一半到底是一個什麼樣的人,覺得只要他對自己好就行了。

他和父母的關係是否融洽?和朋友、同事的關係如何?他在小賣部買完東西會不會隨口說聲謝謝?他會不會對雨天送餐點的快遞員破口大罵?⋯⋯

對於這些問題,女孩們咋舌:這和我有什麼關係?我又不是學校教導主任?可是這些與此刻的愛無關,與永恆的愛有關。

他的口吐蓮花之下,潛藏著一個什麼樣的靈魂,是遠比愛不愛妳更需要關注的事。妳必須要事無巨細地回憶他和妳相處中不經意露出的「最猙獰醜陋的一面」,這可能會使妳汗毛直立,但妳必須做一遍,確保他的人品足夠負擔妳的下半生。

●相處是否愉快、三觀是否兼容

我的閨蜜葡萄一直堅持在相親見面之前,應該先在網路上對對方做一個基本的了解。這源於她之前一段不愉快的戀愛體驗。

葡萄的初戀是家人介紹的,兩人初次見面約好在下午5點半,葡萄特意早到了15分鐘,結果對方遲到了將近半個小時。

之後溝通的全程,對方都不停地提起自己如何艱苦求學,最

後考上某所名校的研究生,絲毫不關心葡萄的興趣愛好。

因為條件相稱,葡萄和對方相處了兩個月,但這段時間對葡萄來說,簡直是度日如年。

兩人一起逛街,葡萄想在能力範圍之內,給自己添置幾件稍微好一些的衣服,對方卻覺得衣服能穿就行,大品牌和地攤貨都一樣。

兩人搭伙吃飯,葡萄問對方想吃什麼,對方說吃什麼都行,但是否定了葡萄的每個建議,最後兩人去了男生熟悉的店,吃了「週末買一送一」的套餐。

兩人共度假期,葡萄才興致勃勃地規劃要去旅遊,對方卻說:「新聞上都說黃金週去哪都是看人海,不如在家看電視。」

兩個人的相處,好似從單人的賽跑場進入了「兩人三足」的賽場。方向一致了,尚且可以將就;若方向相悖,共同跑到終點的機會就微乎其微了。

談戀愛,本身就是尋找同道中人的過程。只有勢均力敵、三觀一致的兩個人,餘生才可能都是愛情。

●他能提供什麼價值

我認識一對夫妻,兩人都是法學院畢業的高材生。女的是專

業中的佼佼者，畢業後進入了一家大公司，初入職場，就趕上公司大項目，結果因為效率低被點名批評。

她回去向老公抱怨了幾句，老公當機立斷就讓她遞了辭呈。這本來是新人成長的最佳時機，女孩卻胡裡胡塗地放棄了這份工作，到了老公認為不會有壓力的小公司。

後來老公自立門戶組建工作室，認為妻子的工作環境太差，乾脆讓她辭職，加入他的麾下。

朋友跟我說起這件事情差不多是在一年多前，在場的女孩都聽得兩眼泛光，畢竟被老公金屋藏嬌，讓其他女孩都很羨慕。

可再後來，聽到這件事情又是另一番模樣。

兩個人婚後一直沒孩子，先生頗有微詞，對她態度開始冷淡。她為了避免尷尬另謀工作，卻發現長久以來的工作節奏讓她更習慣作為「某個人的太太」，而不是員工。

她缺乏時間觀念，因為當初先生說，上下班打卡的都不是好公司，趁早離開它。

她無法服從集體的安排，因為當初丈夫說，要她這一輩子想做什麼就做什麼。

這時候她才發現，自己的人生已經在不知不覺中被社會落下好遠。

:)

怎麼去判斷一個人是不是找對了？你可以試著問自己一個問題：和他在一起之後，我的人生是不是至少有一個方面是向前走了？

我是不是情緒管理上有所進步，內心的安全感厚重許多？

我是不是有機會不斷發展自己的能力，有了更多更廣泛的興趣？

或者更簡單的：我是不是比以前開心很多？

情緒價值、物質價值⋯⋯能悉數滿足固然好，但能滿足其中一二亦可考慮。

其實各種人際關係裡都附帶價值關係，這些直接的價值，帶來直接的誘惑，就像是一種「精神荷爾蒙」。

我們常說在愛情裡尋求「互補」關係，其實是「交換價值」。我在你身上取我所沒有的，你在我身上取你所沒有的。

當你發現兩人在相處的一段時間裡，你的人生完全停滯不前，那你就要審視這段關係是否應該存在了。

我不是眼光太高，
只是底線感夠強

朋友大年向我敘述了她最近一次的相親失敗經歷。

男方是親戚介紹的，背景調查得很清楚，對方特意把初見地點選在大年工作室附近的高檔咖啡廳，看得出來也是用了心的。

最先出問題的是約時間。

大年學的是美術，畢業之後自己開了一家工作室，工作時間和私人時間幾乎是不分離的。這種自由職業時間還算可控，所以那幾天大年完全可以不安排事情抽出時間來約會，可是她照舊工作，將見面時間定在比較晚的時候。

對方這個時候已經有點不高興了，可是大年有她自己的理由：

「我就是想讓他知道我的工作狀態，我不希望他看到的是一

個專門為他騰出時間的我。我很清楚，就算我在熱戀期做到了，這也不可能是我一生的狀態。」

初次見面，女孩通常會表現出無欲無求的乖巧，大年則單刀直入：

「我需要有鮮花的愛情，我缺乏浪漫就不能活。」

對方是一個傳統家庭出身的男孩，當即瞪大了眼睛，擺出一副「妳是來砸場子的嗎」的表情。

：）

其實在此之前，大年已經樂此不疲地把她多次失敗的相親經歷告知我，美其名曰「讓妳多點素材可寫」，其實她所有相親失敗的原因幾乎都是同出一轍。

在愛情裡屢屢受挫的往往是大年這樣「底線感」太強的女孩。

她們明明條件很好、品貌兼優，旁人想不出什麼令她們單身的理由，就只好指責她們「眼光太高」、「眼睛長在天上，誰都看不上」。可別人誤解了，這類女孩並不是在追求「上限」，而是在保護「底線」。

她們往往在很年輕時就洞悉自己想要什麼，內心使用排除法的次數就更多。踩線扣五分，近線扣三分，越線扣十分⋯⋯一個人合不合適，近身十步以內就能了然於心。

　　並且她們很清楚「雖然我可以為你而改變，但我不確保自己一定會變成你想要的模樣」，所以總是提前向對方描摹自己想要的生活狀態。這種生活狀態當然不是大部分男性可以接受的。

　　很多男性理想中的另一半都長著一張單純的少女臉，擁有經過無害化處理的聰明，能對未知的生活時時刻刻獻上一句「You jump, I jump」。

　　但不得不承認，熱戀期的我們常常高估了愛情，覺得它足夠摧毀習慣性的行為方式和對未來生活的規劃。或許有這樣的個例，但對大部分人來說，這很難。

　　:)

　　如果你留心觀察這樣的女孩，會發現她們恰恰是愛情裡的小機靈。

　　有人說，成年人的愛情從一開始就是謊言，但坦誠底線，會幫你過濾掉不合適的對象。

一個剛剛離婚的90後女孩就說了自己的經歷。

她前夫是她學生時代同社團的男神，幾次合作下來，她隱約感覺到，男神喜歡文靜上進的女孩。

從那以後她都以元氣滿滿的形象去見男神，偶爾受了委屈，撒嬌也要數著秒鐘停止。男神不喜歡女生猜忌小氣，她就絕口不提女生之間的雞零狗碎。

聊到生活時，她刻意避過顯得自己太有主見的事件，把自己打造成一個早睡早起、從不在外過夜的乖寶寶人設。後來雙方見家長，她還特意叮囑爸媽「別把我週末總睡到下午的事情告訴他」。直到婚後，她開始忍不住要做一些讓自己舒服的事情，也顯示出了極強的規劃性。這讓對方很不適應，對他來說，這無異於接受一個全新的人。

選擇回歸自我，就等於打破了男神對家庭生活的期待；但保持現狀，自己又是看不到頭的艱辛。她說，到了這時候，自己才明白為什麼老一輩的人說，有些緣分是強求不來的。

相愛不等於相處，單方有所求的愛情是很好實現的，難的是各取所需。

好的愛情恰恰不應該是電光火石，而是一開始就能夠互相有所裨益。雖然聽起來很像是多了幾分利益糾葛的薄情，卻總比在

婚姻裡峰迴路轉幾百次才發現所愛非人來得強。

底線感強的女孩不必抱怨愛情來得太晚,按圖索驥總是比隨波逐流要來得困難。上帝為每個人準備了最對的那個人,來得晚些未嘗不是好事。

Chapter 6

萬物生長，
何曾顧及他人目光

如果不能靠文藝過活，
不如就先文藝地生活

×

　　前幾天，我在線下開了個講座，遇到一個女孩，她穿著灰色的闊腿褲，戴著一頂羊毛畫家帽，長得黑瘦卻很耐看。

　　她說，自己的家境普通，以前沒有機會培養興趣愛好。工作後第一個月，她把工資全數交給家裡，到了第二個月，她決定除了必要的生活開支外，開始存一筆「理想基金」。

　　她有很多想要學的東西，插畫、拉丁舞、手鼓，這些都在她領了第二個月的工資後被排上了日程。與此同時，她還要應付父母不斷的催促：早點相親，早點結婚，早點在小城裡買個房子⋯⋯總之，做點所謂的「正經事兒」。

　　她的堂姐剛剛離婚，堂姐的父母便張羅著把她嫁給一個微禿的胖老闆，理由是「他有車有房沒孩子，還願意娶一個離異的，

有機會遇到條件這麼好的，妳還不快點抓住機會！」

女孩開始懷疑自己的「理想基金」是不是有存在的必要，也漸漸開始怕被人稱作「文藝青年」，這就像是一句罵人的話，太刺耳，在聽慣了風花雪月的耳朵裡面一分鐘也擱不住。

普通家庭的女孩本來有踏踏實實的小日子過著，一混進文化圈裡，便腹背受敵，彷彿生來就是要挨揍的命。

她問我，該不該放棄理想？又問我，一個普通家庭的女孩是不是很難維持文藝理想？

:)

我想了想，告訴她，很難，真的，特別難。

我也是普通家庭出生的女孩，我們賴以生存的家宅，是辛辛苦苦還了好多年房貸才積攢下來的。

大三那年我就去招聘會上了解情況，醫學院的招聘會上只有幾個攤位，我在每一個相關的單位前駐足，然後發現每個崗位都大同小異，除了醫院名稱，剩下的寫的都是「工資面議」。

我開始給自己洗腦，要投入安穩的生活。

每個普通家庭的女孩似乎都有這樣一個掙扎在理想和現實之

間的時刻,但也不會持續多久,因為溫飽對我們來說遠比詩和遠方重要得多。

六月份畢業,我在一月份就找到了工作。那時候我有一種執念,似乎在安穩之後,接踵而至的才會是美好的生活。

被通知回去上班的時候,我還在橫店的劇組。那時候正好有個劇組在安徽拍戲,相熟的燈光哥哥就問我要不要跟他們一起去安徽。「妳不是也在寫劇本嗎?搞不好有機會將它搬上螢幕呢!」

我笑笑說,算了吧,還要回去工作呢!

:)

那時候我就已經在寫稿了,寫很多賺錢的稿子:文案、電視劇本、業配文⋯⋯五花八門,靠文藝生活很難,但過文藝的生活很簡單,我們的生活中充滿著「被妥協」,我慶幸尚保留著一些小小的堅持。

記得那時候,我接到了一個一線品牌的空氣淨化器文案創作。我在一個空氣質量全國前三名的城市裡琢磨著稿件,到了第三稿還是無法令甲方滿意。

Chapter 6 萬物生長，何曾顧及他人目光

　　甲方說，要讓別人感覺用上這個淨化器，就算是過上了精英階層的生活。

　　我心想，可是我也沒過過那種生活啊！

　　遇到邁不過去的坎的時候，我咬咬牙問自己：哪怕妳終究要變成一個碌碌無為的人，為什麼一定要選擇在今天呢？

　　我在今天多寫的這一份稿子，就讓我的今天和別人的今天有了一點不同，即便它是如此不引人注目。

　　正是這些渺小如細沙的堅持，讓我走上了自由寫作之路。

　　:）

　　後來，我遇見過農村出身現在開了烘焙店的女孩，上了大學後就不停打工、做油畫輔導的大學生，以及一邊餵奶一邊做著「一週一本書」領讀的作者媽媽。

　　談起文藝理想，大家都曾經擁有過並失去過。有人因為家境不允許，直到高中才有機會正式接觸繪畫；有人曾想考中文系，為了將來好找工作，最後報考理工科；而如今以烘焙為生的女孩，在上大學之前甚至連烤箱是什麼樣都不知道。

　　大家走到這一步都談不上天賦異稟，多是興趣使然。看似在離

夢想最近的地方放棄了夢想，但它只是化作小雨微風重回了生活。

普通家庭的女孩們要面對的事兒太多了，家人依仗著妳，有無數人催促著妳去料理情感和奮鬥未來，唯獨沒有人催促妳去成長自己。

可是妳自己不能忘記，妳要將生活的雜事先整理好，不讓它堆積在妳的生命裡，然後再無畏、放心地把工具擱在一旁，才有機會見到文藝的端倪。

我現在甚至有點慶幸，當年的任性裡夾帶著一點兒認清責任後的理智，這讓我能在衣食無憂後，能和這個不太溫暖的世界繼續和睦相處。

人生中最幸福的事莫過於妳的興趣正好能夠養活妳，雖然偶爾吃泡麵度日，但大部分時候，熱愛還是能將妳養成一個白胖閨女。

沒必要在一切都還有轉機的時候，急切地撲滅生活的渴望。如果不能靠文藝過活，不如就先文藝地生活。

Chapter 6　萬物生長，何曾顧及他人目光

美術老師的手提包

×

我的中學時代是在家鄉度過的。

除了逢年過節會有「送溫暖」的團隊到我們學校資助貧困生外，這個排名總是吊車尾的學校，幾乎全年無人問津。

學校操場沒有錢鋪橡膠地板，冬天跑起來會有滿嘴的風沙。上體育課的時候，因為沒有場地，所有人都只能乖乖地抱著球在窄小的樓間通道裡來回滾動，對於我們這群力氣沒處使的猴孩子來說，一節課45分鐘枯燥而乏味。

但這符合大多數人對這所學校的理解——孩子能有書讀就不錯了，還談什麼藝術和體育教育？

我們學校有個美術老師，她教我們的時候，30歲出頭，沒結婚，養著一隻叫Bobby的哈巴狗，她喜歡穿顏色鮮豔的棉麻衣服、戴誇張的大耳環，在這個小城裡算是異類。

她的辦公桌上除了作業本以外，一年四季都擺著最新一期的時尚雜誌。每當她帶著一身脂粉味遠遠走過，牽著孩子的家長表面上問好，背地裡卻笑她：「瞧那個30歲還不結婚的剩女！」小城裡的人會用最惡毒的言語來攻擊她，因為她不惱也不辯解。

家長間傳著她的風言風語，有人說，看見她從一個男人的車上走下來，另一個人就回應道：「可不是嘛，30多歲的老姑娘，還穿成小女孩似的，真不知羞！」周圍立刻發出一片「嘖嘖嘖」的聲音，其中挾裹著心照不宣，就好像大家都親眼看見了似的。

她不管那些流言蜚語，依然我行我素，衣服的顏色越加妖豔濃烈，遠看就像一團熊熊燃燒的火。

學校裡從來沒有她這麼固執的美術老師，快要期末考試的時候，數學老師想佔用美術課評講試卷。她卻霸著講臺不肯下來：「現在排的是我的課！」抱著一疊試卷的數學老師只得悻悻地退出教室。

我們很少見到美術老師生氣，唯一的一次是美術老師要教我們國畫，讓我們提前準備工具。

我們班48個人，帶齊工具的人數只有個位數。

「你們一點都不尊重我的課堂！」美術老師用手指關節敲著課桌，她是真的惱了，每一個毛孔都在發怒，但每一個動作又都

在遏制著自己的情緒:「這節課我不上了!」

那時候我們還年少,並不知道是什麼導致老師突如其來的憤怒。

美術老師飽受家長的詬病,學生也無法體諒她的美意,就連我們的班主任都有意無意地讓我們離那個「奇怪的女老師」遠一點。但我真的很喜歡美術老師。

一方面是因為我真的喜歡畫畫;另一方面是一個難以啟齒的原因:我喜歡她鋪滿辦公桌的時尚雜誌、豔麗的衣服還有她的手提包。

美術老師有一個很好看的手提包,包體是撞色的菱格紋,包帶上繫著綠白相間的絲巾,顏色很跳又亮眼。

14歲的我從來沒有出過小城,見過的手提包僅限於雜貨店櫃檯上的包包。那些老舊的款式、拙劣的走線、劣質的包邊,完全無法和美術老師的手提包相提並論。

我開始幻想著10年後的自己,也提著這樣一個手提包昂首挺胸地走在人群裡。我想要和美術老師一模一樣的包——這是我14歲時說不出口的野心和欲望。

:)

停止不開心

美術老師每節課都會挑選一些名畫彩印出來給我們欣賞，其中有被譽為20世紀藝術界最有名的人物之一——美國普普藝術家安迪·沃荷最經典的瑪麗蓮夢露畫像，結果全班的同學都吃吃地笑起來，男生們在幻想她的底褲顏色，卻又不好意思笑出聲來；女孩們幻想著底褲下纖細白滑的大腿，想像自己10年後的樣子。

大風吹起的裙底風光，重塑並顛覆著我對美的認知。

那時候我已經14歲了，開始長出微微的乳峰，同班的女生對於這種事情避之唯恐不及，越來越多人穿起鬆鬆垮垮的校服，弓著背走路。

為了買到更寬的校服上衣，只能搭配同號碼的寬大校褲，女孩們將褲腳捲到腳踝上，然後在雨天後的黃泥操場上把它踩得破破爛爛。

可我不喜歡，我喜歡日式的校服，把身體包裹得緊緊的，照鏡子的時候，側面就好像山峰起伏，格外好看。

我央求母親把衣服改小一點：「衣服大了不好看。」

「什麼好不好看？小孩子穿衣服就應該舒適嘛！」母親嘴上這麼說，但還是幫我把衣服改小了。

就這樣，我成了全班唯一一個穿合身校服的人。

我們學校的課間操是班委們輪流領操的，那段時間恰好輪到

Chapter 6　萬物生長，何曾顧及他人目光

我領操，不知道誰傳開了「初二3班的領操胸那麼大還挺著」，跳躍運動的時候，好事小男生盯著我：「她跳了，她又要跳了。」每當我跳得稍高一些，人群裡就爆發出不懷好意的笑聲。

我有些害怕，好像自己背地裡做了什麼見不得光的事。我不敢跳，只敢微微地做出一個動作，但背後仍傳來一陣哄笑，令我臉紅到了脖子根。

我開始恨這套校服，我暗暗發誓回家之後就把它永遠壓在箱底，再去買一套和大家一樣鬆鬆垮垮的校服，這樣就不會被人取笑！

那天下午，我去辦公室拿美術作業。和往常一樣，全班48個人，只有20個人交了作業。

美術老師正在接電話，讓我先坐在她的座位上等一下。我坐在她的座位上，穿著改小的校服，而夢想的手提包近在眼前，我忍不住伸手偷偷摸了摸。手感是沙沙的，和母親在折扣店買的包完全不一樣。

做完這蓄謀已久的一切，我感覺自己就像一個得償所願的小偷。

美術老師打電話回來，餘光瞥到我改小的校服。

「改得好看。」她不經意地說。

就這短短四個字,好像敲在我的心上,給我注入力量。

儘管我和別人不同,但我是好看的、是漂亮的、是令人欣賞的——這個從未有過的念頭,突如其來地衝進了我的腦海裡。

我戰戰兢兢地說了一句一直想說的話:「老師的包真好看!我也很想擁有一個。」

「這個包很難買到了,」她拿作業本的手在半空中停了幾秒,好像從未想過有人能欣賞她的品味,「妳很喜歡嗎?」

聽到這句話,我掩不住失望,但仍木訥地點了點頭。她像是個受寵若驚的小孩,還有幾分「我也這麼覺得」的得意,隨即把包包上的絲帶摘下來,遞到我手上:「不用失望,雖然買不到,但這個絲巾送給妳!」

我得到了14歲夢想的手提包上的一條絲巾!這簡直就像作夢一樣!

考前百日誓師大會上,我穿著改小的校服,偷偷把美術老師送的絲巾繫在裡面,我昂著頭,覺得自己很美。

班主任在臺上痛心疾首地說:「你們要把頭磕破了唸啊!我們跟別人拼不了師資,我們拿不到最權威的考題預測,你們只能靠自己拼啊……」

我下意識地把手伸進脖子裡,絲巾上還有餘溫,別人看不

見,可我可以感覺到它。

此刻的班主任也不再面目可憎,圓呼呼的還有一丁點兒可愛。我抬眼一看,突然有一種神奇的幻覺,班主任的形象就好像安迪·沃荷的畫,一下子變換出矇矇矓矓的七種顏色,一會兒是鐵青的,一會兒是慘白的,一會兒是豔紅的⋯⋯

當我開始欣賞自己,我開始覺得整個世界都美得像一件易碎的藝術品。

:)

我的中學時代,到現在也已經過去10多年了。

前段時間,我有幸受邀參加普普藝術真跡珍藏展的開幕式,揭幕的瞬間,我好像又回到了中學時代的操場上。那個白淨消瘦的美術老師,提著綠白相間的手提包,站在黃沙漫天的操場上。

「無論何時都要堅持自己,不要因為畏懼人言,而敷衍自己的人生啊!」她伏在我耳邊這樣說道。

她在疲憊的世界裡活得像個姿態昂然的女英雄,撞向每一堵不予自己回頭機會的牆,哪怕頭破血流,也仍然生猛——儘管在那個閉塞年代的學校裡,連堅持美都是一件無比困難的事情。

但她的的確確用一只手提包,影響了一個14歲的女孩。

　　就像電影《熔爐》裡說的那樣:「**我們一路奮戰不是為了改變世界,而是為了不被世界改變。**」

　　我們終其一生都在努力尋找一個理由,讓生命不被最後一根稻草壓垮。哪怕一路風塵僕僕,哪怕被人看輕指責,**我們仍舊是為了享受美好而活在這個世界上,而不僅僅是在製造「活著」的假象。**

最高純度的少女心

×

小玉阿姨是我們家的常客。

當我年齡尚小,她也還年紀尚輕的時候,逢年過節,她是常被當作反面典型拎出來的問題少女——不,考慮到年齡問題,應當稱之為「問題製造者」。

大家表面和和氣氣的,轉身就對適婚年齡的女兒說:「妳記好,趁年輕找個好人家嫁了,別到時候和妳小玉阿姨一樣,成了沒人要的老女孩。」

我沒問過小玉阿姨多大年紀,只記得那時她看上去很陽光,笑起來和煦溫暖。

我喜歡小玉阿姨勝過其他阿姨,因為她總能變出稀奇古怪的小玩意兒。

六歲生日,她送了我一雙兒童高跟鞋。鞋子是在馬來西亞買

的,火紅的絨面繡滿馬來西亞的特色珠繡。

姥姥特不滿意:「她還是個小孩子,送點書本文具多好,買這些又貴又沒用的東西多不好!」

小玉阿姨貼著我的耳畔說:「別管妳姥姥說什麼,喜歡就穿。」

我喜歡得不得了,不知道多少個夜裡,都偷偷爬起來,踩著高跟鞋咯咯作響。

過了幾年,聽說小玉阿姨去了南非,那些早已嫁為人婦的阿姨便紛紛議論她:「怕是要嫁給黑人了!」

她看南非的服裝市場好,就從中國運一些服裝到南非賣,經常為了聯繫國內的批發商,深夜裡還在講電話。每次回國,她都行色匆匆,可我從來沒在她臉上看到過時差帶來的疲憊。

但在很多人的議論裡,給她的評價依舊是「聽說賺了很多錢,但沒有家庭怎麼行?」

:)

幾年後,小玉阿姨回來了,一個人。

當年說她閒話的那些親戚,抱著孩子來看她。面對假模假樣

Chapter 6　萬物生長，何曾顧及他人目光

的安慰，小玉阿姨客氣地回答：「我也挺寂寞的，有空來陪陪我吧！」

她買了附近最高檔的單身公寓，邀請大家都來坐坐，房子裝修典雅，擺件精緻。

她在家設了幾場飯局，自學了烘焙，餐後請每個人品嘗純色系的翻糖小蛋糕。

她看了部電影，說想要去印度旅行，第二天帶著信用卡去旅行社一刷，隔日就到了印度，憑著一口流利的外語，與當地人無障礙交流。

她特別喜歡攝影，就迅速下手，買了入門的相機和書，像模像樣地學起來。

人們都說，人老了，不服老，就會被人討厭。這話只適用於一般人，人們討厭的「不服老」，是倚老賣老、倚小賣小，覥著臉尋求他人照料。只要能操辦好自己的日子，再怎麼「不服老」，誰也沒有資格管。

:)

那些說小玉阿姨閒話的女子，最終變成了萬分羨慕她的人。

她們說:「沒想到小玉的命這麼好。」

看吧,就算到了今天,她們還是不承認,這種區別取決於自己。

年輕時幸福的依附,就像溫水煮青蛙,總有一日會把自己煮爛,喪失獨立能力。沒有獨立的資本,便無法在人生的轉折點驕傲自由地脫身,即使窮途末路,也只能硬著頭皮走下去。

而獨立,讓女人的人生在任何時候都擁有選擇權,在任何階段都能憑心而活,隨時隨地擁有少女心。

就像小玉阿姨說的:「別人的話又算得了什麼呢?」

這話的言外之意就是:我就喜歡看你嫉妒我卻又做不到的樣子。

:)

高純度的少女心不是每日沉浸在Hello Kitty的粉紅小世界,或者幻想著蓋世英雄從天而降,為妳拍拍滿身塵埃,說一句「救駕來遲,請恕罪!」;而是到了某個年紀,依然步履和緩而獨立,剛毅而善良。

只有精神和物質上的雙重獨立,才能確保任何年齡都有資格

選擇自己想要的生活模式，沒有後顧之憂地投入更加新鮮美好的生活。

真正的少女心，是就算老去，也不會在兒女的故事裡，擔任無關緊要的配角，依然經營著自己的風花雪月。

到那個時候，當別人指著妳罵「公主病」、「少女心」，妳心裡清楚，他們是生怕別人與他們不同，如此妳就能坦然地面對風刀霜劍昂首挺胸，悠閒地回應道：「我就是少女心，你行你上呀！」

:)

少女心究竟是什麼？我想大概就是永遠擁有不切實際的幻夢，眼裡每時每刻都冒著星星，50 歲依然愛想愛的人，喝想喝的酒，吃想吃的菜。

少女時的風情萬種不算少女心，那是年齡和膠原蛋白撐起來的貨真價實；到了七老八十，除卻「某某媽」、「某某夫人」的稱號，別人還願意尊稱她一聲「某某女士」，她卻一高興就飛到倫敦餵鴿子，站在人群裡像隻丹頂鶴似的──這麼有勁的人生，才算得上是高純度少女心啊！

嫁與不嫁都不妨礙自己

放假回家,參加了親戚間的聚餐,活像個逼婚局,每個人都苦心婆心的想把我拽到婚姻裡去。

「怎麼還沒有對象?」

「喜歡什麼樣的?」

「女孩子的黃金期就這幾年,過了就不好找了⋯⋯」

我在一旁忍不住開玩笑說:「那我就一輩子不嫁人好了。」

沒想到幾天後,外婆把我拉到角落很嚴肅地問:「妳是不是真的打算一輩子不嫁人了?」

我哭笑不得,正準備反駁時,外婆很認真地接了下文:「你們年輕人這樣想沒問題,不過妳得努力。妳要攢一點小錢,一輩子都有米下鍋。這輩子沒有人會和妳一起商量事情,所以妳自己要有能耐,什麼問題都能自己決定。」

Chapter 6　萬物生長，何曾顧及他人目光

我以為外婆會說什麼「再不濟我也能養著妳」之類的話，卻沒想到老太太就拋給我這麼兩句簡簡單單的話。

但這確實小巫見大巫了，我面前的這位老人家，早在50年前就已經思考過「如果一輩子不嫁人會怎樣」的問題。

:)

外婆年近30才嫁給外公，算是那個年代的晚婚女子。她在國營的雜貨店工作，每天早早到櫃台把門打開、貨物擺好，大小事從來不搞錯。到了晚年，她還常常得意自己當年認真工作被領導嘉獎。

其實她不必誇耀，因為她當年下的那一番苦功，到現在仍有跡可循。

外婆文化程度不高，但就憑藉那些年鍛鍊的本事，她讀書看報毫無壓力，偶爾看政論節目還能評價幾句。

外婆還特別會管帳，我們算個瓜果價格，還沒掏出手機打開計算機，她就算得不差分毫。

她被號召著建設國家的同時，也建設了自己。結果就是，媒人歡天喜地站在她面前，說著這家小子長那家小子短的，她怒目

一瞪，手一指：「誰都不要，就要那個長得俊、文化好的！換別人我不要！」

然後我外公——一個同濟大學的英俊大學生就這樣被她收入閨中。

我曾一時好奇問過外婆，如果那時候外公不答應怎麼辦？

「那就等唄！還怕撈不著個好人啊？」她回答得坦坦蕩蕩，眼裡竄著一股絕對的自信。

步入婚姻殿堂後，作為工程師，外公一年四季都在出差。外婆常常一個人在家，從油鹽水電到孩子的吃穿用度，全都要打點。孩子在學校被人欺負，她就去找老師評理；家裡的燈泡壞了，問問隔壁的工匠李，自己就換好了。

當別人心疼她「嫁不嫁人都一樣」時，她就穿外公從上海買來的洋氣連身裙搖地走在大街上——我男人有眼光，買的上海貨，好看著呢！

婚姻並沒有讓她成為任何人的附庸品，能穿上外公買的洋氣連身裙固然很好，但修家電也不在話下。

那個年代的女人家再怎麼厲害，在家裡還是要幹活的，外婆在這點上倒是沒有反傳統。不過她手上的活沒停過，嘴也跟著沒停過。

Chapter 6　萬物生長，何曾顧及他人目光

「糟老頭子，沒有我幹活哪個人來養你？」

「你說花錢去請的保母哪有我做得這麼好啊！」

每次外婆幹完活，總是說這麼幾句話，好讓自己的勞動價值被看到。在她日復一日的「強調」下，外公從沒將她的勞動和「責任義務」四個字掛上鉤，而且熱衷於向她表達感謝。

外婆比任何人都認可自己所做出的奉獻，她做每件事情都向外公擺出一種態度：「這是我送給你的禮物，你收到了要記得說謝謝哦！」

:)

很慶幸我們一家人思想開明，才讓我在同齡人都在被逼婚的時候，自私地將自己的盔甲打造好，慢慢提升自己存在的價值。

到了一個年齡你會觀察到，在婚姻裡過得不錯的，往往是一開始最不想結婚的那群人，就像我的外婆。

當你打算獨自一人面對未來的人生時，你會擁有一種被現實社會逼迫的緊迫感。因為對婚姻的期待不大，反而將所有的期望投放在自己身上，不斷拓展人生的邊界。就算走進了婚姻，也可以保證自己的步伐不亂，更不亦步亦趨。

到了最後,這群人反而成了最不憂慮的一群人。

而對愛情懷揣太多期望的人,將自己押寶一樣地放進婚姻的籌碼裡,一旦押寶失誤,沒了婚姻、也少了退路。

我一直記得外婆的那兩句話,也希望所有的女孩們無論嫁與不嫁、什麼時候嫁,都不妨礙自己做一個「一輩子有米下鍋並能一個人做決定的女孩」!

別把生活輕易交給
反對你的人

　　某個國慶節期間，我認識的一個經營自媒體的女孩從上海回到家鄉。

　　多年不見，親戚朋友們自然照例要問一問：「做什麼的？賺多少錢？買房了沒？」

　　女孩所在的自媒體很有名，但怕同鄉不理解，就簡單地說在企業工作，工資方面更是保守地說了個上萬人民幣。

　　結果讓她哭笑不得的是，同鄉們紛紛痛心疾首地勸解她：「女孩子家什麼能做、什麼不能做，心裡都要清楚，別在外面丟父母的臉。」

　　父母則是既擔憂，又不願意戳破，只能說：「要是缺錢了，就回家來拿，別在外面被人佔便宜。」

她這才意識到，親戚朋友私下都以為她從事了色情行業。這讓她既委屈又百口莫辯。

　　那些親戚們認為，一個低學歷的女孩子，在上海這樣的大都市裡規行矩步地做事，一個月能夠賺到上萬人民幣，唯一的途徑就是從事色情工作。

　　她把這一經歷發在朋友圈裡，引起了我們一個共同好友的共鳴。

　　那個女孩來自北方的縣城，現在在北京從事出版行業。從小到大，她見過的所有人的家境幾乎都優於她、眼界都大過她，因此她常常因目光短淺而自卑，對未知的世界充滿崇拜。

　　可她恰好是個高度敏感的人，具有超人的自省能力。別人的一句無心建議，在她的耳畔會自然轉化為「我錯了」、「是我不夠了解」、「是我不夠優秀」。

　　她來到北京，就是想從貧瘠土壤裡掙扎著爬出來；可當她想做一個決定時，來自家庭的聲音都告訴她「妳肯定會失敗」，然後踩著她的腳，強迫她回去。

　　父母最常對她說的話就是：「妳為什麼不能像某某某那樣？」可是父母口中的某某某不過是嫁了一個條件只比自家好一點點的男人，早早地生了一個孩子，每天圍著孩子團團轉。

女孩咬咬牙,一直承受著非議、也朝著自己想走的路奔去了。幾年之後,收穫頗豐,不僅有了自己策劃的暢銷書、不錯的收入,還交了一群soul mate(靈魂伴侶)的作者好友。

但總有人會告訴她:「妳活出界了,趕緊找機會回去吧!」

:)

這個「界」是主觀的,有可能她的「出界」,只是活出了他的眼界、心界而已。

讀書的時候,我們和投緣的人拉幫結派,和相處愉快的人共同生活。成年之後,我們成熟了,開始傾聽所有人的意見。

我們學會了很多文縐縐的詞兒,像是「良藥苦口」、「忠言逆耳」,但事實上,忠言也可以順耳,好藥也可以甜蜜。

這個世界並不是非黑即白。我們總以為長大之後的「兼聽則明」才是成熟;但每個人雖然有兩隻耳朵,能傾聽萬種聲音,最終卻只能執行其中一種。

某些時刻,反對的聲音或許更刺耳、更有煽動力,就像突然竄起來的小火苗。人人急於滅火,支持你的聲音反而因其柔軟沉靜,而隱沒於茫茫人海中,目所不能及。

但你是否曾問過自己：為什麼你寧願把自己的世界拱手讓給反對你的人，而不把你的世界交給支持你的人呢？

:)

前幾天，我在咖啡廳裡寫稿，隔壁有一桌人很聒噪，一度讓我以為發生了爭執。

細聽之下才知道，原來其中一個女孩加盟了最近很紅的一家連鎖店，想找親戚來參謀一下怎麼才能做得更好，誰知在場的親戚都苦口婆心地勸她關店。

「妳看到的這些都是假象，利潤超過這個值肯定是騙人的。」

「有人在後面操盤，妳和那些被騙的人如出一轍。」

「還是去找份工作靠譜，創業都是騙人的。不聽老人言，可是要吃大虧的！」

女孩不知道該怎麼辯駁，只能一直提高音量：「可是我現在的銷售額確實很好啊！」

我遠遠聽著都為她著急，她怎麼不想想，那些反對她的人，其實從來沒有嘗試過走另一條路？如果他有那樣的想法，或許早

已過上了她想要的生活。

　　所以，如果想要聽建議，就應該去找那些已經在過著你想要的生活的人！他們才是你的人生最佳導師，去除時勢利人的因素，他們總會有一定的經驗，可以幫助你達成想要的生活。

　　而反對你的人，可能僅僅走馬看花地目睹過別人的生活，卻想憑藉一張嘴否定你的所有努力。

　　你一定聽過小猴子為了撿芝麻而丟了西瓜的故事，可你本就是兩手空空的小猴子，還怕丟掉什麼呢？

　　對於年輕的你來說，這一份倔強是你最值得珍惜的資本。你要做的不過是找到那些支持你的聲音、那些曾和你做出同樣選擇的人，並循著他們的方向走下去。

當我老了，也要像他們

我大學的時候，曾經去一家美食企業做過兼職。

那個企業集團化程度很高，在本地數一數二，創始人已經70歲了，年輕時風裡來雨裡去地創下一份家業，現在讓兒子管理產業，但她仍每天習慣到公司裡遛達遛達，向熟悉的老員工們問好。

第一次見創始人是在集團大會上，她緊隨兒子之後出場，化著淡淡的妝，短頭髮大波浪鬈，雖然化了妝，離現在流行的日韓妝還是有些距離，看上去像是她那個年紀的做派。

但一切都是那麼一絲不苟，細膩精緻，耳上有銀耳環，連別在耳後的鬢髮都服服帖帖。

她一開口就是吳儂軟語的腔調，有些嗲氣地說：「我親愛的孩子，妳們怎麼連口紅都沒塗呢？我今年70歲了，每天早上起來

做的第一件事情就是抹口紅呢！」

那時候才21歲的我，在一個70歲老人面前，突然對粗糙的自己自慚形穢起來。

之後她又講了許多櫃台禮儀，比如怎麼用雙手接過顧客的東西，怎麼用婉轉的語氣拒絕顧客無理的要求，如何給顧客賞心悅目的形象……

70歲的她站在我面前，彷彿一隻老去的孔雀，高高地豎著它的尾翎，顏色陳舊可儀態還在，依然可以透過它高翹的尾翎，看出它年輕時的高傲模樣。

她教會我，就算形容枯槁，也要用一隻口紅給自己希望的暗示。

那時的我穿著工作服，忙得灰頭土臉，還自我安慰是「勤勞」。沒想到我燦若星辰的21歲，對生活的精緻竟還不如一個70歲老人。

:）

大三暑假的時候，我在熟識的導演那兒做場務，遇到一位花甲之年的老人。

剛見面的時候,他穿著戲裡角色深草綠色的襯衣,畫著老妝——大概在化妝師眼裡,老裝只有一個樣子,就是一伸手全都是褐色的老年斑,皺紋深深地嵌進眼角。

我當時想,他大概有60歲了吧!這一大把年紀出來拍戲,還是在農村拍戲,每天得在盤山公路上轉悠一兩個小時才能到拍攝地,多辛苦啊!

沒料到,後面幾天,我在車上吐得不行時,一個人過來拍拍我的背。我吐舒服了,抬頭一看,是那個穿著深綠色襯衫的老演員。他開玩笑地說:「我這老骨頭都能經受得住這折騰,反倒是妳這個年紀輕輕的女孩先吃不消了。」

在現場,他不僅完成演員的工作,還幫道具組貼海報,幫燈光組挪動燈位,甚至對我這個小場務也照顧有加,我偶爾迷糊勁來了,弄丟通告單,他也總能幫我找到。

演戲時他對臺詞一絲不苟,從來沒有見到他錯過臺詞。要是對手演員記不住詞兒,他便慈眉善目地看著對方,不慍不火,看得對方都不好意思在這麼高齡的老人面前錯下去。

老人說他年輕的時候是自來水廠工人,退休了閒來無事演演戲,了了年少夙願。

偶爾到了空曠的地方,他會對著空山高唱一曲1994版《三國

演義》裡的主題曲——是非成敗轉頭空，青山依舊在，幾度夕陽紅。

　　:)

　　這段時間微博上有老人跳廣場舞鬥舞，下面有許多評論都在嘲笑，我想，大家並沒有什麼惡意，只是總覺得人到了某個年紀，就該好好在家帶孫子，在外拋頭露面總歸是不好的。

　　評論中有一句話，讓我記憶猶新——看樣子，老太太當年也是「廣場舞界」的扛霸子。

　　是啊，或許她不是「廣場舞界一姐」，但年輕時一定有顆嚮往美好的心。

　　當人們仗著擁有自媒體的話語權，就嘲諷、譏笑別人倚老賣老，不懂得自尊自重。其實，他們不過是恰好遇到變老的壞人。

　　而那些變老的好人，別提多敞亮了，或許他們年輕時沒做什麼翻雲覆雨的事兒，但我們的奮力廝殺在他們看來都是些小把戲。

　　在安穩的世間做個紙筆英雄，都不如在亂世裡做個縮頭小輩來得艱辛，也怪不得他們一副蔑視眾生的樣子。

:)

　　平日裡看到一些老人學著使用網路用語總是覺得很淒涼,他們明明已經度過了屬於他們的時代,卻要為了附和潮流講一些不屬於他們的話。

　　後來,我才發現,他們根本無懼。

　　他們年輕的時候就不懼怕格格不入,瞧不起斤斤計較的少年,老來依然不怕,這膽子是越養越肥。

　　他們恪守著自己的規矩,只是這些所謂「規矩」,早已隨著時代變遷,變得不入流。

　　偶爾懷念起往日時光,說那時候日子多好過,連吹過來的風都是甜的⋯⋯他們趕不上時代的變化,卻也瞧不起這汙流湍急的時代,年輕人說他偏執,他表面不屑,或許心裡更是不屑:這些後輩什麼玩意兒!

　　我不樂意用「老當益壯」來形容他們,「老」這個詞適合於不曾開天闢地的平凡人,不適合用來形容乘風破浪的人。他們那副叱吒風雲的模樣,仍舊分毫無改。

　　英雄,即使老了,還是老英雄啊!少年,即使老了,也是老少年啊!

最好不過如此：這一波風平浪靜了，路過的人們卻知道，他們是曾經的漣漪。

謝謝他們到了一把年紀還在教會我們怎麼一絲不苟的愛著這個世界；等我老了，也要像他們。

停止不開心
在善變的世界裡，從容的笑著

作　　　者	林一芙
美術設計	點點設計 × 楊雅期
特約編輯	謝米
總 經 理	李亦榛
特別助理	鄭澤琪

出　　　版	樂知事業有限公司
電　　　話	（02）2755-0888
傳　　　真	（02）2700-7373
網　　　址	www.sweethometw.com
E m a i l	sh240@sweethometw.com
地　　　址	台北市大安區光復南路 692 巷 24 號 1 樓

發　　　行	聯合發行股份有限公司
地　　　址	新北市新店區寶橋路 235 巷 6 弄 6 號 2 樓
電　　　話	（02）2917-8022

印　　　刷	晨暄有限公司
電　　　話	（02）8221-7100

初版一刷	2025 年 4 月
定　　　價	380 元

> 停止不開心：在善變的世界裡，從容的笑著 / 林一芙
> 著. -- 初版. -- 臺北市：樂知事業有限公司出版；[新
> 北市]：聯合發行股份有限公司發行, 2025.04
> 256 面；14.8 X 21 公分
> ISBN 978-626-97564-8-3(平裝)
> 1.CST: 自我實現 2.CST: 人生哲學
> 177.2　　　　　　　　　　　　　　114003030

版權所有 翻印必究 ※ 本書如有缺頁、破損、裝訂錯誤，請寄回本公司更換

本書繁體版由四川一覽文化傳播廣告有限公司代理，
經北京三得文化有限公司授權出版。